BIBLIOTHEK

FOTOGRAFIEN
BARBARA KLEMM UND
STEFAN MÜLLER

TEXTE
JÖRG BABEROWSKI, HARTMUT BÖHME,
MILAN BULATY, MAX DUDLER,
MARTIN MOSEBACH UND PETER VON MATT

jovis

MILAN BULATY

VORWORT ZUR NEUAUSGABE

Nach mehr als einem Jahrzehnt erscheint diese Neuausgabe von *Bibliothek*. Damals bot das Buch Ansichten des neu eröffneten Jacob-und-Wilhelm-Grimm-Zentrums sowie Gedanken von Wissenschaftlern, Schriftstellern und Architekten zu Büchern und Bibliotheken. Obwohl Fotos und Texte nahezu unverändert geblieben sind, wird die Rezeption nun eine andere sein. Die gesellschaftlichen und politischen Entwicklungen der letzten Jahre, Monate und Wochen beeinflussen Wahrnehmung und Haltung – auch in Hinblick auf Bibliotheken und dieses Buch. Die menschenleeren farbigen Aufnahmen von Stefan Müller wirken heute, als seien sie während eines Lockdowns fotografiert, und die schwarz-weißen von Barbara Klemm scheinen zu dokumentieren, welche körperliche Nähe im öffentlichen Raum vor der Pandemie möglich war. Ganz ähnlich verhält es sich mit den Texten: Angesichts der momentanen Medienpolitik Russlands erfahren die Beiträge von Jörg Baberowski und Hartmut Böhme eine geradezu schmerzliche Aktualität, während die Aufsätze von Peter von Matt, Max Dudler und Martin Mosebach nach wie vor einladen, unsere eigene Position zu hinterfragen – nun mit dem Wissen um die Bedürfnisse während der Pandemie, die Auswirkungen des Klimawandels oder das Voranschreiten der Digitalisierung. Diese neue Ausgabe lässt uns erkennen, was wir früher nicht gesehen oder gewusst haben. Sie wird auch unsere Unvollkommenheit offenbaren. Vielleicht wird sich unser Denken durch erneutes Schauen und Lesen wandeln. In diesem Sinn wünsche ich allen, die *Bibliothek* in die Hand nehmen, freien Zugang zu Medien und Informationen in guten Bibliotheken, die weiterhin alte Erkenntnisse und neue Einsichten präsentieren und uns die Welt verständlicher machen.

MILAN BULATY

VERMISCHTES ÜBER BUCH UND BIBLIOTHEK

Als meine Mutter sich über die gravierende Unterschiedlichkeit ihrer drei Söhne trotz gleicher Herkunft und Sozialisation wunderte, entgegnete ich, von den ständigen Vergleichen genervt, ich läse andere Bücher als meine Brüder. Viele Menschen sind durch ihre Lektüre geprägt. Beim Lesen besitzen wir geistige Freiheit. Wir können wählen, was wir lesen und wie wir es lesen. Wir können eigenständig werten. Wir richten uns eine Gedankenwelt ein. Die Verbindung zwischen Wörtern und Welt ist begleitet von unseren Gefühlen. Wenn ich in der Welt des Buches Trauer, Freude oder andere Stimmungen wahrnehme, färben diese Gefühle auf mein wirkliches Leben ab. Die Inhalte der Bücher bewirken aber nicht nur Freude und Beglückung, Verständnis und Einsicht, sondern auch Trauer und Wut, Verzweiflung und Hoffnungslosigkeit. Das Lesen wird dennoch überwiegend als Glückszustand empfunden, weil wir es freiwillig tun. Und selbst beim durch Schule, Studium oder Beruf notwendigen Lesen spüren wir Freude bei unerwarteten Anregungen oder ungewöhnlichen Gedanken. Die Sehnsucht nach neuen Erfahrungen und Erkenntnissen ist in uns allen. Sie ist in jungen Jahren – von der Pubertät bis zum Berufsbeginn – besonders stark ausgeprägt, was sich in den Besucherzahlen vieler Bibliotheken ausdrückt.

Als Bibliothekare erleben wir die Institution Bibliothek aber anders als die meisten Leser. Anders als sie lesen wir die Bücher nicht, wir »bearbeiten« sie. Wie Menschen ihre Neigung und Einstellung zu Schokolade ändern, wenn sie längere Zeit in einer Schokoladenfabrik arbeiten, so haben auch wir Bibliothekare unsere Berufsbesonderheiten und -krankheiten. In Bibliotheken werden Bücher und andere Medien verwaltet und organisiert, um sie Lesern anbieten zu können. Die administrativen Tätigkeiten dominieren den Arbeitsalltag. In dieser Hinsicht unterscheidet sich die Bibliothek nicht grundsätzlich von anderen verwaltenden Institutionen. In gewissem Sinne gibt es zwei unabhängige Welten und Lebensweisen in einer Bibliothek: die Bibliothekare verwalten, schaffen Rahmenbedingungen, verdienen ihren Lebensunterhalt, während die Nutzer recherchieren, ausleihen, lesen, schreiben, sich unterhalten, Musik hören, träumen, essen und trinken und weiterlesen.

Auch für mich gibt es diese zwei Welten: Wenn ich in der Bibliothek arbeite und wenn ich mich dort als Benutzer aufhalte. Ebenso ist es ein Unterschied, ob ich privat Bücher kaufe und ordne oder ob ich beruflich dasselbe tue. Der zeitliche Umfang, die Menge und die Zielsetzung sind anders. Private Bibliotheken entstehen durch die Interessen von Einzelnen, öffentliche erst durch intensive und komplexe Zusammenarbeit von vielen Bibliothekaren. Ich finde es sinnvoll, aus einer Bibliothek Bücher, die zerlesen oder mehrfach vorhanden sind, zu verkaufen oder zu verschenken. Zu Hause dagegen behalte ich alle Bücher, obwohl ich weiß, die meisten werde ich nie wieder lesen. Ich vermag nicht, sie wegzuwerfen oder zu verschenken, da ich das Gefühl habe, sie dokumentieren – natürlich nur für mich – mein Leben und meine Vorlieben. Sie sind ein Stück von mir. Die Bücher in meiner privaten Bibliothek verkörpern meine – von mir ausgewählte – Welt, die mich prägte. Nicht nur Bibliothekare, sondern auch viele andere Menschen, die mit Büchern nicht geschäftlich oder beruflich, sondern eher privat verbunden sind, entwickeln eine tiefe und innige Beziehung zu ihnen. Die Aura des Buches oder der Büchersammlung überstrahlt in ihrer Emotionalität die anderer lebloser Gegenstände. Die besondere Stellung der Bücher korreliert häufig mit den durch sie vermittelten Einsichten und Erkenntnissen.

Die Erweiterung von Horizonten, die Freude am Entdecken, die Spannung durch Geschichten, die Einsicht in etwas Neues, die Faszination beim Wiedererkennen lassen uns Bücher lieben und damit auch die Institution, die die meisten Bücher hat und anbietet. Die Bibliothek wird von gebildeten Menschen meistens sehr geschätzt. Sie beschreiben ihre Leseerlebnisse in schönen und bestandsreichen Bibliotheken und nehmen manchmal die blinden Flecken nicht wahr. Bibliotheken aber sind wie andere öffentliche Einrichtungen auch

durch Geld, Macht und Zensur manipulierbar. Sie können nur dann eine Verkörperung der überlieferten Kultur und Geschichte sein, wenn sie frei und unabhängig sind. Messer oder Eisenbahnen können zu guten und sinnvollen Zwecken genauso verwendet werden wie zu schlechten und unmenschlichen. Dies gilt auch für Bibliotheken. Es ist kein Zufall, dass in fast allen Ländern Bibliotheken vom Staat finanziert und gesteuert werden. Ein extremer Fall ist als Beispiel besonders anschaulich: In Nordkorea ist die Nationalbibliothek im Volkspalast am Kim-Il-Sung-Platz mit riesigen Räumen und zahlreichem Personal untergebracht. Es gibt aber weder interessante Bestände noch einen freien Zugang. Die Bibliothek dient lediglich der Repräsentation und verkörpert die herrschende Ideologie und gesellschaftliche Ordnung. Sie dient der Verdummung und Einschüchterung statt freier Vermittlung unterschiedlicher Gedankenwelten.

Bibliotheken werden landläufig als Schatzkammern des Wissens bezeichnet. Offensichtlich sind sie wichtige Institutionen für Bewahrung und Überlieferung. Ohne diese Möglichkeit der Überlieferung wäre der Fortschritt aller Zivilisationen wesentlich langsamer und mühsamer, obwohl es eigentlich wenig Dokumente gibt, die ausschließlich Wissen enthalten. Es werden hauptsächlich Gefühle, persönliche Einschätzungen und Vermutungen der Verfasser festgehalten. Vor allem gibt es eine ungeheure Menge von Texten, die suchen und irren. Aber gerade diese Irrwege, Hoffnungen, Illusionen und Wünsche sind für uns genauso wichtig wie gesichertes Wissen. Wahrscheinlich vermögen wir sogar durch Irrtümer und Illusionen mehr zu lernen als durch Wahrheiten oder Fakten. Statt Schatzkammer des Wissens ist die Bibliothek eher ein ausgelagertes, künstliches Gedächtnis. Dieser Begriff verweist auf die Absicht der Bibliothek, Texte vor dem Vergessen zu schützen. Die Erweiterung unseres Gedächtnisses außerhalb des eigenen Körpers ermöglicht zugleich, dass es für andere Personen zugänglich wird. Damit ist eine Grundlage für die Archivierung sowohl der Gedanken als auch der Gefühle geschaffen. Die Auslagerung ermöglicht zudem, die Inhalte zu jedem beliebigen Zeitpunkt auszuwählen, immer wieder neu zu ordnen und sie so in neue Zusammenhänge zu bringen.

In unserer Zeit hat das Buch zumindest in einer Hinsicht seine Monopolstellung verloren. Wir können unsere Gefühle und Gedanken heute durch viele andere Medien aufbewahren und vermitteln. Ein altes Problem besteht aber weiterhin: Wie können wir unser ausgelagertes, künstliches Gedächtnis von vielen Menschen quer durch die Epochen effektiv nutzen lassen? Die Informationsmenge übersteigt unsere Aufnahme- und Verarbeitungskapazität. Niemand kann das ausgelagerte

Gedächtnis anders nutzen als in einer strengen Beschränkung. Folglich ist die Auswahl aus dem Vorhandenen das Wichtigste und zugleich das Schwierigste. Eine sinnvolle Ordnung im überwältigenden Chaos zu schaffen, ist schwierig, da unterschiedliche Bedürfnisse eine Vereinheitlichung konterkarieren. Verschiedene Systematiken und Suchstrategien, die heute mit Maschinen unterstützt und verfeinert werden, verdeutlichen das Problem in anschaulicher Weise. Derartige Schwierigkeiten formen direkt die bibliothekarische Arbeit. Sowohl bei der Präsentation unterschiedlicher Kataloge und Datenbanken wie auch bei der wirtschaftlichen Nutzung von Bibliotheken steht die Entwicklung neuer Technologien, wie früher auch schon, im Vordergrund. Andere wichtige Aspekte, wie die immer notwendiger werdende Auswahl unter Einhaltung von Qualitätsstandards und die ästhetische Gestaltung, treten in den Hintergrund. So verwandeln sich Bibliotheken, zugespitzt ausgedrückt, in scheinbar effiziente Lernfabriken, die in funktionalen Betonburgen untergebracht sind.

Dabei liegt die Bedeutung der Bibliothek in ihrer Nutzung – jetzt und zukünftig. Es gibt drei wichtige Formen der Nutzung: die Mitnahme von Büchern nach Hause, die das Downloaden lizenzierter Veröffentlichungen am häuslichen Rechner einschließt, das Lesen, Studieren und Forschen in der Bibliothek sowie die Entdeckung von Unbekanntem im

Bibliotheksbestand. Stellen wir uns vor, alle Bücher und Zeitschriften sind von einer Firma oder allen Nationalbibliotheken gescannt. Alle Dokumente sind in elektronischer Form im Internet abrufbar, und kostenpflichtige Lizenzen werden auf die Mitglieder einer Institution übertragen, sodass wer sucht, alles im Netz findet, was früher die Bibliothek angeboten hat. Wird noch jemand die Bibliothek aufsuchen? Eigentlich wäre es nicht nötig, denn jeder kann am Arbeitsplatz oder zu Hause alle Inhalte auf den Bildschirm holen. Haben Fax oder E-Mail die Briefpost ersetzt, haben CDs oder DVDs Konzerte, Theater oder Kinos aus unserer Welt verdrängt? Alle diese technischen Fortschritte haben unser Verhalten verändert. Schnelle Mitteilungen schreiben wir uns per E-Mail oder SMS, Briefpost bekommt dadurch eine neue Wichtigkeit. Den Besuch eines Konzertes, Theaters oder Kinos erleben wir in der Gemeinschaft anders als allein zu Hause. Können wir analog daraus schließen, dass Bibliotheken auch dann von Lesern aufgesucht werden, wenn alle notwendigen Informationen im Netz verfügbar sind? Meine Antwort lautet einfach: »Ja!« Wenn die Bibliotheken etwas bieten, was wir zu Hause oder am Arbeitsplatz so nicht haben (können): Ein umfangreiches Angebot an frei zugänglicher Literatur, egal ob gedruckt oder digital verfügbar, das zum Stöbern und Verweilen einlädt. Eine anregende Atmosphäre in schönen Räumen mit großzügiger Aus-

stattung und soliden Möbeln, mit toller Aussicht und natürlicher Beleuchtung. Eine inspirierende Umgebung, geteilt mit Menschen, die die stille Gemeinschaft beim Lesen und Denken produktiv finden. Einladende Treffpunkte für den Gedankenaustausch und zur Entspannung. Nicht zuletzt die Unterstützung durch gut geschultes Fachpersonal, das beim Suchen und Finden in den mannigfaltigen Ordnungssystemen hilft.

Egal ob wir bei wichtigen Entscheidungen vorher oder nachher objektive Kriterien aufstellen, letztlich urteilen wir nach einem subjektiven Gesamteindruck, der eine scheinbar unkontrollierte Mischung aus emotionalen und rationalen Anteilen hat, wobei die eigene Erfahrung und der Einfluss von anderen eine große Rolle spielen. Zu Recht wurde von vielen Seiten angemerkt, dass ein zentraler Lesesaal in einer reinen Freihandbibliothek keine Funktion mehr besitzt. In Magazinbibliotheken wurden und werden die Bücher aus den Magazinen in die Lesesäle geholt, was bei einer Freihandaufstellung weitgehend entfällt. Dennoch schien für mich der zentrale Lesesaal das Herz jeder Bibliothek zu sein, denn in diesem Raum wird der Zweck der Bibliothek sichtbar und erlebbar. In einem schönen ruhigen großen Raum zu lesen und zu arbeiten, ist eine Wonne, denn das Zusammensein mit vielen ebenfalls lesenden und arbeitenden Menschen schafft eine ungewöhnliche, stille, nonverbale, aber wahrnehmbare Verbindung. Man ist Teil einer Gemeinschaft, die durch ihr einvernehmliches Verhalten die für die eigene Arbeit notwendige Motivation und Konzentration fordert und fördert.

Dass beim Bau einer Bibliothek Dauerhaftigkeit eine wesentliche Rolle spielt, erklärt sich fast von selbst. Die Bibliothek in ihrer Funktion als künstliches Gedächtnis soll Zeugnis geben von vergangener und gegenwärtiger Zeit. Sie soll nicht nur zum Zeitpunkt ihres Entstehens, sondern auch in Zukunft benutzbar und schön sein. Welche Merkmale aber führen zu der angestrebten Dauerhaftigkeit? Ansprüche an Funktionalität und Wirtschaftlichkeit ändern sich durch die verwendeten Technologien schnell. Unser ästhetisches Empfinden ändert sich ebenfalls, aber langsamer und differenzierter. Antike Schönheit kann parallel neben mittelalterlicher und zeitgenössischer existieren. Die Flüchtigkeit der Speichermedien hingegen ändert sich durch Erfindung und Erneuerung. Sie scheinen derzeit eine immer kürzere Überlebensdauer zu haben. Eine der wichtigsten Funktionen der Bibliothek ist die Archivierung dieser Speichermedien, sodass sie immer mit der Frage nach Dauerhaftigkeit oder Haltbarkeit konfrontiert ist. Das Streben nach Dauerhaftigkeit führt dann zu einer naiven Technologiegläubigkeit einerseits oder einem problematischen Konservatismus andererseits. Wenn wir Bibliothekare uns über die Bibliothek der Zukunft beziehungsweise zukünftige Bibliotheken Gedanken machen, sollten wir uns also besser nicht ausschließlich auf technische Entwicklungen konzentrieren, denn sie sind – wie wir bereits aus der Vergangenheit wissen – nicht voraussagbar.

Mir scheint es ergiebiger, Merkmale für eine ästhetisch reizvolle Bibliothek zu bestimmen, statt auf Funktionalitäten zu starren, die dem technischen Wandel sehr viel mehr unterliegen als Schönheit der Architektur und Qualität der Bestände. Wenn wir eine schöne Bibliothek entwerfen, bauen, öffnen, wird sie von vielen Menschen besucht und genutzt werden. Falls Schönheit ist, was uns über längere Zeit und Generationen hinweg gefällt, ist sie beständiger als Technik und die scheinbar mit ihr verbundene Funktionalität und Wirtschaftlichkeit. Ich bin überzeugt davon, dass bei unseren Entscheidungen über die Gestaltung einer Bibliothek im Zweifel die Schönheit der Funktionalität vorzuziehen ist. Es ist leichter, in schönen Räumen eine gute Bibliothek zu präsentieren als in hässlichen, dafür aber funktionalen. Schönheit ist nicht zeitlos, sondern an die Zeit ihres Entstehens gebunden. Sie ist aber beständig, wenn über große Zeiträume hinweg etwas als schön empfunden wird. Sie bewirkt bei uns Glücksgefühle. Wir nehmen anders wahr, lesen und denken anders, wenn wir in einer schönen Umgebung sind. Die Welt scheint dann einfacher zu sein. Schönheit befördert starke Gefühle, die wiederum die

Erinnerungsfähigkeit unterstützen. Das Lesen und Lernen in der Bibliothek wird intensiviert.

Eine Bibliothek ist daneben immer auch ein prosaischer Ort, ein Gebäude mit Cafeteria, Garderobe, Toiletten und Kopierstationen. An diesem prosaischen Ort habe ich unlängst eine nicht spezifisch bibliothekarische Erfahrung gemacht. Nach einem anstrengenden Arbeitstag und einer Führung durch die Bibliothek wollte ich mit dem Aufzug in mein Büro in die neunte Etage fahren. Der Aufzug für maximal acht Personen oder 630 Kilogramm blieb in der siebenten Etage stecken. Ich drückte die Notruftaste, und der Wachmann sagte mir, der Mechaniker werde benachrichtigt und so schnell wie möglich kommen. Ich setzte mich auf den Boden und hörte den Ventilator des Aufzuges, den ich noch nie vorher wahrgenommen hatte. In dieser engen kleinen Kabine bestätigte sich ganz körperlich meine Überzeugung von der Wichtigkeit der Gestaltung und bewussten Formung des Raumes. Der mit Blech und Spiegeln verkleidete Aufzug bestimmte meine Wahrnehmung, mein Denken und Fühlen sowie mein Erleben der Zeit. Dieser winzige Raum beeinflusste meine Gegenwart auf fast gewalttätige Weise. Unter mir lagen sieben Stockwerke Leere, und ich dachte daran, wie Architektur für uns Räume konstruiert und gestaltet und damit unsere Wahrnehmung mehr prägt, als uns bewusst ist. Wir denken, fühlen und erleben nicht nur im gestalteten Raum, sondern auch durch die Gestaltung des Raumes selbst. Sogar die eigene Person nehmen wir in Abhängigkeit der uns umgebenden Räume wahr. Nach mehr als einer Stunde im Fahrstuhl betrat ich eine mir neu und frei erscheinende Welt – mit Aussichten und Luft, mit Licht und Bewegungsfreiheit. Offensichtlich wirken sich räumliche Beschränkungen – extremes Beispiel sind Gefängnisse – auf unser Denken, Fühlen und Erleben negativ aus. Umgekehrt lässt uns die großzügige, schöne, menschliche Gestaltung von Gebäuden und Städten tiefer fühlen, freier denken und reichhaltiger erleben.

Es gibt zwei Anlässe für die Publikation von *Bibliothek*. Der »innerliche« Anlass ergab sich aus der intensiven Beschäftigung mit Fragen der Konzeption und Planung für die neue Zentralbibliothek der Humboldt-Universität zu Berlin. Je mehr ich mich mit Ziel, Funktion und Gestaltung der Bibliothek beschäftigte, desto mehr anregende neue Aspekte entdeckte ich. Das Schöne und Beglückende dieser Arbeit lag in ihrer Realisierung: Aus Ideen, Konzepten, Plänen entstand etwas Gegenständliches. Die verschiedenen Sichtweisen und Erfahrungen von Architekten, Bauleuten und Bibliothekaren haben das gesamte Projekt ungemein bereichert. Aus diesem Erleben ist das Bedürfnis entstanden, die Bibliothek aus unterschiedlichen Blickwinkeln schriftlich wie auch bildlich darzustellen.

Deshalb kommen in diesem Buch nicht nur die beteiligten Berufsgruppen, sondern auch Wissenschaftler zu Wort. Im Mittelpunkt aber steht die Darstellung der neuen Bibliothek mit Bildern. Stefan Müller dokumentiert mit seinen prägnanten farbigen Fotografien Rhythmus und formale Strenge der Architektur des Jacob-und-Wilhelm-Grimm-Zentrums, während Barbara Klemm in ihren schwarz-weißen Momentaufnahmen die Menschen und ihr Leben in der Bibliothek festhält. Beide Arbeiten faszinieren den Betrachter auf ganz eigene Weise und laden zur Auseinandersetzung mit Architektur und Bibliothek ein.

Der »äußerliche« Anlass für das Erscheinen des vorliegenden Bandes ist die offizielle Eröffnung des Jacob-und-Wilhelm-Grimm-Zentrums am 19. November 2009. Peter von Matt hat als Festredner über »Die Tumulte der Wissenschaft und die Ruhe der Bibliotheken« gesprochen. Sein Beitrag verweist nicht nur auf Weltliteratur, sondern beantwortet mit ihrer Hilfe auch die drängende Frage nach der Zukunft der Bibliothek. Am selben Tag waren Berliner in das Grimm-Zentrum eingeladen, Jörg Baberowskis und Hartmut Böhmes hier veröffentlichten Vorträgen zu folgen. Dabei veranschaulichte Jörg Baberowski die Bedeutung eines (un)freien Zugangs zu Büchern in Bibliotheken, und Hartmut Böhme berichtete von der Leidensgeschichte der Bibliotheken und den

Leidenschaften, die sie als Trugbilder umgeben. Hinzugefügt haben wir außerdem Gedanken von Max Dudler zur Entstehung des Grimm-Zentrums sowie literarische Eindrücke von Martin Mosebach.

Alle Beiträge belegen, auf wie vielfältige Weise sich Texte und Bilder der Bibliothek nähern können. Die Einbildungskraft schöpft beim Lesen und Betrachten ihre Vorstellungen aus der eigenen Erfahrung; dadurch ist sie beschränkt. Über eine Bibliothek zu lesen, ist etwas anderes, als sie auf Fotografien anzuschauen, und alle Beschreibungen und Bebilderungen erleben wir anders, wenn wir die Bibliothek mit dem eigenen Körper durchwandern und mit den eigenen Augen sehen.

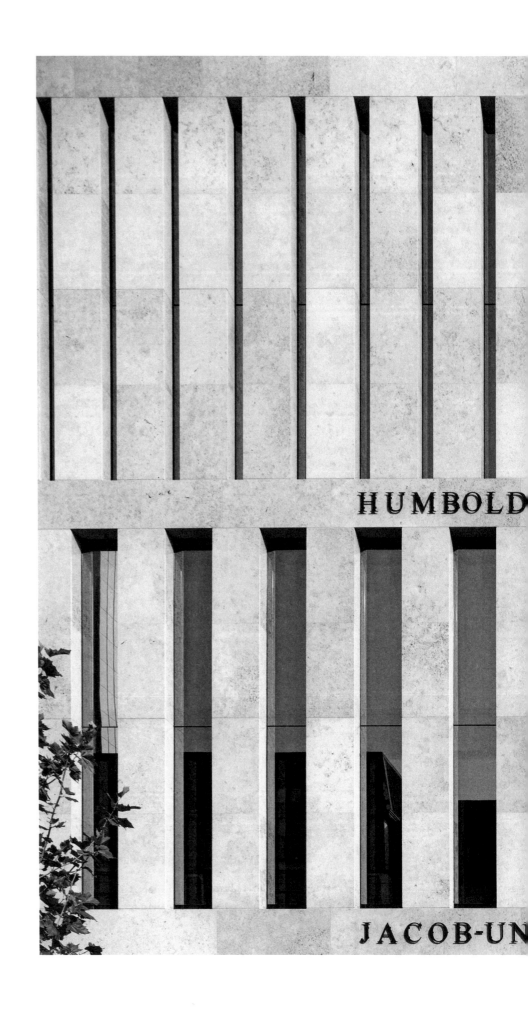

16

PETER VON MATT

DIE TUMULTE DER WISSENSCHAFT
UND DIE RUHE
DER BIBLIOTHEKEN

Faust, der bekannte Doktor, hat etwas gegen die Bücher. Karl Moor, der bekannte Räuber, hat etwas gegen die Tinte. Zwar wurde diese doppelte Abneigung sorgsam mit Tinte festgehalten und in Büchern gedruckt, aber das hinderte die beiden Kulturrevolutionäre nicht an ihrer Verwerfung alles beschriebenen Papiers. Tatsächlich teilt auch das Papier selbst den schlechten Ruf von Tinte und Buch. Wie die Tinte als der kalte Gegensatz zum heißen Blut gehandelt wird, so gilt das Papier als der Gegensatz zu allem Lebendigen. »papieren« ist im Deutschen ein Schimpfwort. Als wäre das Papier nicht die spirituellste Materie überhaupt. In seiner Privatbibliothek berserkert Faust wie ein Verdammter gegen die hohen Bücherwände, die Papierrollen, die Pergamente, und er atmet erst auf, als er das Fläschchen mit dem braunen Gift erblickt. Durch den Selbstmord will er den Büchern endlich entkommen.

In Fausts Suizid, der nur durch einen Zufall verhindert wird, ist insgeheim auch die Parallelaktion versteckt, die Vernichtung der Bücher. Statt sich zu töten, könnte er auch das ganze bedruckte und gebundene Papier verbrennen. Denn Faust bestreitet unumwunden den Nutzen aller Bücher. Um das Elend seiner Lage zu verdeutlichen, in der das bedruckte Papier ihm den Zugang zur göttlichen Mitte der Welt versperrt, vergleicht er sich mit einem Wurm, der im Staube kriecht und jederzeit zertreten werden kann:

Den Göttern gleich' ich nicht! zu tief ist es gefühlt;
Dem Wurme gleich' ich, der den Staub durchwühlt,
Den, wie er sich im Staube nährend lebt,
Des Wandrers Tritt vernichtet und begräbt.

Das ist eine recht konventionelle Rhetorik, die wütende Selbsterniedrigung eines narzisstisch Gekränkten. Aber anschließend wird die Metapher von Faust realisiert. Er blickt die Bücherwände hoch und erkennt: Das ist tatsächlich nur Staub; ich lebe nicht metaphorisch darin, sondern leibhaftig:

Ist es nicht Staub? was diese hohe Wand
Aus hundert Fächern mir verenget?
Der Trödel, der mit tausendfachem Tand
In dieser Mottenwelt mich dränget?

Das ist die Verdammung des Papiers als des Nichtigen schlechthin und damit auch die Verdammung alles dessen, was auf dem Papier mit Druckerschwärze festgehalten wird. Faust beschimpft den in seinen Augen niedrigsten Stoff der Welt, und was darin lebt, der Wurm, ist das kläglichste aller Lebewesen. Diese radikalst mögliche Entwertung der Bibliothek durch einen Universitätsprofessor wird abschließend auch inhaltlich auf den Punkt gebracht:

Hier soll ich finden, was mir fehlt?
Soll ich vielleicht in tausend Büchern lesen,
Daß überall die Menschen sich gequält,
Daß hie und da ein Glücklicher gewesen? –

Der Moment ist dramatisch. Da wird eine einzige Erkenntnis der Summe des Wissens gegenübergestellt, das in einer Bibliothek enthalten sein kann. Nur auf diese Erkenntnis kommt es an, und für sie braucht es die Bücher nicht. Zu wissen gilt allein, dass die Menschen sich immer selbst und gegenseitig quälen, und das Glück ist ein Zufall. Wer sich dessen bewusst ist, weiß genug, um richtig handeln zu können; wem das nicht klar ist, dem nützen die schwersten Folianten nichts.

Diese pauschale Verwerfung des Weltwissens hat ihre Tradition. Die Religionen neigen sehr dazu, die Gläubigen aller Schattierungen. Der erste Korintherbrief vollzieht den Akt in aller Schärfe, indem er die Dialektik von Torheit und Weisheit entwickelt. Die Weisheit dieser Welt ist Torheit vor Gott, die Torheit dieser Welt ist Weisheit vor Gott. Dieser mörderischen Alternative gegenüber verflüchtigen sich Philosophie und Wissenschaft wie ein Rauch. Der heilige Paulus wörtlich: »Wo bleibt da ein Weiser? Wo ein Schriftgelehrter? Wo ein Wortführer dieser Weltzeit? Hat Gott nicht die Weisheit der Welt zur Torheit gemacht?« (1. Korinther 1,20) Und

der Apostel hätte ohne Weiteres noch anfügen können: »Wo bleiben da die Bibliotheken?«

Dass dieser Gedanke für die unbedingt Gläubigen immer in der Luft lag, bezeugt die Anekdote über den Untergang der Bibliothek von Alexandria. Dort waren das gesamte Wissen und die ganze Literatur der Antike versammelt. Ihr Untergang beschäftigt die Menschheit bis auf den heutigen Tag, so sehr, dass die tatsächlichen historischen Ereignisse hinter den vielen bunten Überlieferungen gar nicht mehr zu erkennen sind. Im berühmtesten dieser Berichte wird erzählt, dass der Kalif Umar im Jahre 642 angesichts der Bibliothek von Alexandria gesagt habe: »Wenn in diesen Büchern das gleiche steht wie im Koran, dann braucht es sie nicht, und wenn darin etwas anderes steht als im Koran, dann braucht es sie erst recht nicht.« Darauf wurden die Gebäude abgefackelt. Der Bericht ist eine Erfindung des Mittelalters. Aber es ist eine gute Geschichte, denn sie belegt die Vorstellung, dass alles Wissen des Logos belanglos sei gegenüber einem einzigen Wort des Mythos. Diese Vorstellung verschwindet nie ganz von unserem Planeten. Hinter den vielen Fantasien von einer absoluten Bibliothek steckt sie genau so wie hinter den Vorstellungen von deren Ruin. In der legendären Bibliothek von Babel, die Jorge Luis Borges 1941 beschrieben hat und die alle überhaupt möglichen Kombinationen von 23 Buchstaben und zwei Satzzeichen enthält, in Büchern von je 110 Seiten, fällt das Phantasma der totalen Bibliothek sogar zusammen mit dem Phantasma ihrer Vernichtung. Denn in diesem Ozean von Büchern wären die sinnvollen und für einen Leser zugänglichen Werke unter den abstrusen Kombinationen gar nicht aufzufinden – obwohl alle sinnvollen Bücher, die die Menschheit hervorzubringen überhaupt imstande ist, also auch alles zukünftige Wissen, in der Bibliothek von Babel irgendwo vorhanden sein müssten. Die Summe der Erkenntnis ist offenbar nur um den Preis ihrer Zerstörung zu haben.

Dieser Gedanke gehört nun selbst weit mehr dem Mythos an als der Wissenschaft. Denn der Mythos ist seinem Wesen nach die Rede vom Ganzen. Deshalb handelt er so leidenschaftlich vom Ursprung aller Dinge und vom Ende aller Dinge und vom Zusammenfall des Ursprungs mit dem Ende. Ein Ganzes besitze ich nur, wo ich Ursprung und Ende sehe. Schöpfung und Weltuntergang sind daher die Eckpfeiler alles mythischen Denkens. Gleichzeitig markieren sie die Grenzen der Wissenschaft. Diese nämlich arbeitet immer dazwischen. Die Wissenschaft studiert die Bewegung in der Welt, der Mythos benennt das *primum movens*. Deshalb herrscht zwischen den beiden Feindschaft bis auf den heutigen Tag, die Feindschaft zwischen der Frau und der Schlange.

Zu den Illusionen der Wissenschaft gehört die Überzeugung, dass der Mythos vor ihrem Licht verschwinden müsse wie die Königin der Nacht vor der Sonne Sarastros. Am Anfang des 21. Jahrhunderts merken wir immer deutlicher, dass dies eine Täuschung ist. Die Menschen sind nicht bereit, auf den Mythos zu verzichten. Sie wollen das Ganze kennen, sie wollen Nachricht haben vom Anfang und vom Ende aller Dinge. Bedrängt von der fressenden Zeit, wollen sie hören, was vor aller Zeit liegt und nach ihr kommt. Wer ihnen das verspricht, dem laufen sie nach, dem opfern sie alles, begeistert, auch das eigene Leben. So sehr ist der Mythos inständig erfahrene Wahrheit. Die Wissenschaft aber beruht auf der Demut des Nichtwissens. Das Bekenntnis zu den Grenzen des Wissens macht ihre Fortschritte überhaupt erst möglich. Genau dies aber bringt sie in Verdacht. Alle, die auf das mythische Wort warten, das ihnen den Ursprung und das Ende aller Dinge erklärt, bezichtigen die Wissenschaft insgeheim des Verrats am Mythos.

Und hier beginnt denn auch die Fantasiearbeit, mit der die öffentliche Einbildungskraft, insbesondere die Literatur, die Figur des Wissenschaftlers inszeniert und illuminiert. Der Verdacht des Verrats führt zu schrillen Karikaturen. Dies geschieht in dreifacher Weise. Zum Ersten kursiert das Bild vom Wissenschaftler als dem weltfremden Grübler, einem langsam vertrocknenden Wesen, das unnötige Dinge untersucht, sie in einer unverständlichen Sprache beschreibt und dafür vom Steuerzahler auch noch ausgehalten wird. Fachidioten nannten die Achtundsechziger einst solche Gestalten, heute reden die jungen Leute von Nerds, und merkwürdig hartnäckig hält sich dafür in der Öffentlichkeit die Metapher vom Elfenbeinturm. In den Elfenbeinturm wird alles verwiesen, was sich dem Common Sense entzieht. Dabei war der Elfenbeinturm ursprünglich ein wunderbar erotisches Bild aus dem *Hohelied*. Heute gilt der Wissenschaftler im Elfenbeinturm als blutleer und unsinnlich, durchaus verwandt dem abschätzig qualifizierten Papier. Das zweite Fantasiebild ist der Wissenschaftler als Verbrecher. Auch er entfernt sich vom Common Sense, aber nicht wie der Nerd vom Common Sense der Lebenslust, sondern vom Common Sense der Moral. Im Wissenschaftler als Verbrecher – Urbilder sind etwa Dr. Frankenstein, Dr. Jekyll, Dr. Caligari, Dr. Mabuse, Dr. Strangelove – verkörpert sich der Verdacht, dass die Wissenschaft in ihrer Erkenntnisgier bereit sei, alle moralischen Grenzen zu überschreiten und auch den Tod Unschuldiger in Kauf zu nehmen. Dieser Verdacht ist latent weit verbreitet; bei öffentlichen Debatten kann er rasch akut und auch politisch brisant werden. In der Vorstellung vom Wissenschaftler als Verbrecher ist bereits auch seine Steigerung zum Wahnsinnigen angelegt – ein in der Literatur seit E. A. Poe

beliebter Topos. Und wenn der Wissenschaftler als Wahnsinniger dann sogar die Weltvernichtung anstrebt, erkennen wir darin den Argwohn, dass die Wissenschaft eine zerstörerische Gegenaktion zur Schöpfung sei. Die Abkehr vom Mythos, der den Sinn des Ganzen stiftet, bringe dieses Ganze in reale Gefahr. Kompensiert werden diese negativen Klischees allerdings vom dritten idealtypischen Fantasiebild. Es entwirft den Wissenschaftler als Lichtgestalt und Heilsbringer. Diese Figuration entspringt der geheimen Erwartung, dass es die Wissenschaft doch noch schaffen könne, den Verrat am Mythos mit ihren eigenen Mitteln zu überwinden und den verzweifelten Hunger nach dem Ursprung, nach der Zeit hinter der Zeit, zu stillen. In der Tat bleibt es eine chronische Versuchung auch der strengen Wissenschaft, irgendwann in diese Rolle zu rücken und mit dem Versprechen der absoluten Wahrheit zu kokettieren. Wer es in der akademischen Welt auf ein langes Leben bringt, erlebt das Aufstrahlen und Erlöschen solcher Lichtgestalten in ansehnlicher Zahl. Sie sind meistens verbunden mit der Selbstinszenierung einer einzelnen Disziplin zur Leitwissenschaft, die mit nachsichtigem Lächeln auf alle anderen hinabschaut.

Die Stereotype vom Wissenschaftler als dürrem Bücherwurm, als Verbrecher und Wahnsinnigem und schließlich als Lichtgestalt sind keineswegs auf die spätromantische Schauerliteratur beschränkt und auf deren großen Erben, den Film.

Auch ein so kompromissloser Mann der Moderne wie Thomas Bernhard hat sich vielfach und freudig dieses Vorrats bedient. Die drei drastischen Vorstellungen sind ja nicht einfach Produkte einer spießbürgerlichen Ranküne, sondern Ausdruck einer kollektiven Verunsicherung gegenüber dem Wahrheitsbegriff der Wissenschaft. Das Paradox, dass wissenschaftliches Wissen nur über die Demut des Nichtwissens zu gewinnen ist und den Verzicht auf die Totalität zur Voraussetzung hat, will den Menschen, denen an den ersten und letzten Dingen nun einmal gelegen ist, nur schwer einleuchten.

Und hier darf nun daran erinnert werden, dass ein Mann, der Berlin als Ort des kühnen Denkens und der scharfen Debatten wesentlich mitgeprägt hat, die Differenz zwischen der Wahrheit der Wissenschaft und der Wahrheit des Mythos einst so präzis formulierte wie niemand zuvor. Es geschah im Auftakt zu einem öffentlichen Streit mit einem Geistlichen, der die unbedingte Gültigkeit des mythischen Wortes donnernd verteidigte. Aus diesem Streit entsprang nicht nur die luzide Beschreibung der erwähnten Differenz, sondern auch eine neue Prosa für die bürgerliche Öffentlichkeit in Deutschland. 1777 schrieb Gotthold Ephraim Lessing seine *Duplik* auf die Angriffe, denen er sich ausgesetzt sah, weil er die sogenannten *Fragmente eines Ungenannten* herausgegeben hatte, ein Gründungsdokument der historischen Bibelkritik. Jener Ungenannte hatte die inhaltlichen Widersprüche in den vier Evangelien systematisch untersucht und die heiligen Texte zum Gegenstand einer kritischen Analyse gemacht. Ein Akt also, wie er sich heute in der islamischen Welt wiederholt, unter der Frage nämlich, ob man den Koran, das mythische Wort des Propheten, als historisches Dokument überhaupt mit den Mitteln der modernen Philologie betrachten dürfe. Lessing, der kein systematischer Philosoph war und der eine blitzende Metapher jederzeit den Begriffsclustern und Kategorientafeln vorzog, erkannte sehr rasch, dass es hier nicht um wahr oder falsch ging, sondern um zwei grundsätzlich unvereinbare Konzepte von Wahrheit. Entweder Wahrheit als essenziell Gegebenes, das nur anerkannt oder geleugnet werden kann, oder aber Wahrheit als Prozess. Der Priester verkündet die Wahrheit als das essenziell Gegebene, der Wissenschaftler vermag die Wahrheit nur als schöpferischen Prozess der Annäherung an ein nie Erreichtes zu verstehen. Die Demut des Nichtwissens, das sokratische Axiom, leistet den Verzicht auf die Wahrheit als Besitz und gewinnt dafür die Wahrheit als Bewegung. Als Neugieriger, Zweifelnder, Forschender lebt der Wissenschaftler auf die Wahrheit hin, ohne sie je blank wie eine Münze in der Tasche zu tragen. Im Begriff des Besitzes selbst steckt schon die Verfehlung. Denn Wahrheit als Besitz liquidiert den Prozess und damit das Wesen der Wissenschaft.

Diese Dynamisierung des Wahrheitsbegriffs verweist nicht nur jedes Dogma in den Raum des Mythos, wo sein legitimer Ort ja auch ist, sondern öffnet überdies die Suche nach der Wahrheit in die Gesellschaft hinein. Was wir Öffentlichkeit nennen, ist eine Konsequenz der Wahrheit als Prozess. Mit der Debatte, die Lessing führte und die in den Kampfschriften gegen den Pastor Goeze, den *Anti-Goeze I–XI*, gipfelte, schuf er auch einen Raum, der die Auseinandersetzung allen Lesern zugänglich machte. In diesem Raum, der seither Öffentlichkeit heißt, wurden die Zeitgenossen der Wahrheit als Prozess teilhaftig, und so wurde die Wahrheit als Prozess auch zur Basis der Demokratie.

Die Sätze, mit denen Lessing den neuen dynamischen Wahrheitsbegriff gegen die fixierte Wahrheit des Dogmas abgrenzte, sind bekannt und viel zitiert. Manche, die hier versammelt sind, werden sie auswendig wissen. Aber in feierlichen Stunden darf man das Bekannte öffentlich wiederholen, zum Gedenken an den Mann, der auch dieser Universität einen Teil ihres intellektuellen Grundrisses gezogen hat.

»Nicht die Wahrheit, in deren Besitz irgend ein Mensch ist, oder zu sein vermeinet, sondern die aufrichtige Mühe, die er angewandt hat, hinter die Wahrheit zu kommen, macht den Wert des Menschen. Denn nicht durch den Besitz, sondern durch die Nachforschung der Wahrheit erweitern sich seine Kräfte, worin allein seine immer wachsende Vollkommenheit bestehet. Der Besitz macht ruhig, träge, stolz –

Wenn Gott in seiner Rechten alle Wahrheit, und in seiner Linken den einzigen immer regen Trieb nach Wahrheit, obschon mit dem Zusatze, mich immer und ewig zu irren, verschlossen hielte, und spräche zu mir: wähle! Ich fiele ihm mit Demut in seine Linke, und sagte: Vater gib! die reine Wahrheit ist ja doch nur für dich allein!«

Doch wie verhält sich nun die Wahrheit als Prozess zur großen Bibliothek? Ist die große Bibliothek, die insgeheim immer die ganze sein möchte, die alexandrinische in neuer Gestalt, und die nach einem anerkannten Gesetz alle zehn Jahre aus allen Nähten kracht, ist diese große Bibliothek denn nicht die Rückverwandlung der Wahrheit als Prozess in die Wahrheit als Besitz? Gelangen hier nicht die Mühen der Forschung in die Ruhe einer gelassenen Gegenwart? Gibt es denn ein schöneres Bild für den Frieden unter den Menschen als den Lesesaal einer großen Bibliothek, wo das Schweigen kultischen Charakter gewinnt, dem rituellen Verstummen der Kartäuser und Trappisten verwandt? Und wo man doch gleichzeitig erlebt, dass der Mensch auch in der größten Versenkung noch ein hörbares Wesen bleibt. Wie uns die nächtlich raspelnde Maus förmlich in den Ohren dröhnt, so begrenzt der Mausklick, das emblematische Geräusch unserer Zivilisation, die

Ruhe der heutigen Bibliothek. ΨΥΧΗΣ ΙΑΤΡΕΙΟΝ, Heilungs-ort der Seele, soll in der Antike über dem Tor der Bibliothek von Theben gestanden haben, und diese Worte liest man heute noch über dem Eingang zur Stiftsbibliothek von St. Gallen in der Schweiz, wo einige der ältesten Zeugnisse unserer deut-schen Sprache liegen. Wie so viele ihrer geschorenen Brüder weigerten sich die Mönche von St. Gallen, die Weisheit der Welt als Torheit vor Gott zu verwerfen. Sie verehrten den hei-ligen Paulus, aber folgten ihm nicht nach, sondern luden die gequälten Seelen ein, in dem herrlichen Büchersaal Genesung zu finden. Der Architekt jenes barocken Raumes, eines schwe-benden Wunders, war Peter Thumb aus Bezau in Vorarlberg. Er wurde fast in Rufweite von jenem Schweizer Dorf geboren, in dem Max Dudler, der Architekt des schönsten Lesesaals der Gegenwart, 268 Jahre später zur Welt kam.

Die Frage ist also gestellt: Gelangen die Tumulte, die mit der Wahrheit als Prozess verbunden sind, in der großen Bibliothek zur Ruhe? Fahren hier die Säbel endlich in die Scheiden, um friedlich nebeneinanderzuhängen? Schön wär's! Das Gegenteil ist der Fall. Die Bibliothek ist nicht einfach das Arsenal der Einsichten, die die Menschheit in endloser Mühe gewonnen hat, sondern auch ein ungeheures Museum des Unsinns und der Absurditäten. Schon Lessing hat den Irrtum in die Wahr-heit als Prozess integriert. Und diesem Irrtum sind denn auch

keine Grenzen gesetzt, sodass er sich, wird er im Nachhinein erkannt, oft genug nicht nur als falsch, sondern als blanke Narrheit erweist. Aber im gütigen Schoß der großen Biblio-thek bleibt auch aufbewahrt, was eine Schellenkappe trägt. Der Tempel der Weisheit ist zugleich *ship of fools*, ein Narrenschiff. Und doch kann sich das Törichte eines Tages wieder als höchst sinnvoll erweisen. Da die Wahrheit der Wissenschaft prozess-haft ist, bleibt jede ihrer einmal erreichten Positionen weiter-hin in Bewegung. Richtiges zeigt sich im Nachhinein als falsch, Falsches als richtig, und was jahrzehntelang im Schatten lag, rückt unversehens wieder in ein blendendes Licht. Auf die Bib-liothek bezogen, heißt dies, dass alles, was sie aufbewahrt, sich im Zustand einer lautlos tobenden Unruhe befindet. Selbst wenn sich mehrere Jahrhunderte auf eine Erkenntnis einigen, verwandelt sich diese eines Tages doch wieder in ein mythi-sches Wort. So geschah es mit Newtons absolutem Raum, einem der größten Triumphe der neuzeitlichen Wissenschaft. Und die abendländische Alchemie, die viele Bibliotheken füllte, wurde mit Lavoisiers *Traité élémentaire de chimie* von 1789 zu einem wissenschaftlichen Dinosaurier, von dem es nur noch da und dort Spuren oder versteinerte Eier gibt. Und doch erfuhr diese Alchemie mit ihrem Kosmos von Symbolen eines Tages eine Wiederauferstehung in einer ganz anderen Diszi-plin, in der Psychologie von Carl Gustav Jung. Hier wurde sie als eine Zeichenschrift entdeckt, welche fundamentale psychologische Vorgänge lesbar machte. Auch dies kann wieder verschwinden, aber es bezeugt doch die lautlos tobende Unruhe der Bibliothek.

Ich habe hier bisher so getan, als wäre und bliebe die große Bibliothek eine Angelegenheit des vom Doktor Faust verdammten Papiers. Ich bin mir aber bewusst, dass die Dynamik der Bibliothek heute vordringlich als eine Dynamik der Schriftträger erlebt wird. Die Digitalisierung macht es möglich, dass die Bibliothek von Alexandria auf einem Fingernagel Platz fände. Damit entsteht eine neue Untergangsfantasie, die alle Vorgänger, vom Kalifen Umar über Canettis *Blendung* bis zu *Fahrenheit 451* in den Schatten stellt. Wenn einmal die ganze schriftliche Überlieferung der Menschheit auf einem einzigen Superspeicher versammelt wäre, dann würde der Mausklick denkbar, der alles in einer Sekunde löscht. Das ist ein literarischer Stoff, der über kurz oder lang seinen Autor finden dürfte. Einstweilen ist allerdings die digitale Speicherung einer Bibliothek auf die Dauer noch unvergleichlich teurer als das viel geschmähte und doch so wundersame Papier. Das *Domesday Book*, das Wilhelm der Eroberer im Jahre 1085 anfertigen ließ, kann in den National Archives in London immer noch im Original eingesehen werden. Seine erste digitalisierte Version aber war schon nach zwanzig Jahren unbrauchbar. Zwar ist von Verfahren der digitalen Speicherung, welche die Dauer wenigstens des Papiers erreichen sollen, immer wieder die Rede, aber vorderhand durchweg im Konjunktiv. Dass sie es eines Tages sogar zur Beständigkeit der assyrischen Tontäfelchen bringen könnten, die nach viertausend Jahren noch so frisch sind wie am Tag, als sie aus dem Brennofen kamen, bleibt eine utopische Spekulation unserer Zivilisation.

Jene Tumulte der Wissenschaft, von denen ich gesprochen habe, und ihr Gegenspiel, das lautlose Toben der Bibliotheken, ändern sich durch die Metamorphosen der Schriftträger nicht. Und ebenso wenig verschwindet die merkwürdige Tatsache, dass die meisten Umbrüche in der Forschung, mindestens bei den Geisteswissenschaften, der Langeweile zu verdanken sind. Der Überdruss der Söhne an den Wahrheiten der Väter zeugt die neuen Fragen. Was eine Generation in Ekstase versetzt, macht die nächste nur noch gähnen. Doch das ist, um mit einem bekannten Berliner zu sprechen, für heute ein zu weites Feld.

JÖRG BABEROWSKI

DAS WORT UND DIE MACHT.
BÜCHER IN DER KOMMUNISTISCHEN
DIKTATUR

Als ich im April 1991 zum ersten Mal in die Sowjetunion fuhr, um in den Archiven Material für meine Dissertation zu suchen, fiel mir auf: Die meisten Menschen, die ich traf, lasen Bücher, selbst solche Menschen, denen man es auf den ersten Blick nicht zutraute. Jedenfalls schien es in der Sowjetunion mehr Leser als Bürger zu geben, dabei hatte ich immer gedacht, Leser und Bürger seien ein und dasselbe. Es gab einen Kult um das Buch, den ich dort, wo ich herkam, nur bei den Bildungsbürgern kennengelernt hatte, die in unserem Land zweifellos einer Minderheit angehören. In den Wohnungen meiner Freunde in Leningrad wurden die Klassiker der russischen Literatur in Vitrinen aufbewahrt. Wer etwas auf sich hielt, besaß die mehrbändige Ausgabe der Puschkin-Werke und zeigte, dass er sie besaß. Es wäre in dieser Umgebung unmöglich gewesen, ein Gespräch mit den Worten zu beginnen, man könne Puschkin und seine Gedichte nicht ausstehen. Denn Puschkin war nicht nur ein Dichter. Er war eine nationale Ikone, die auf dem verglasten Altar im Wohnzimmer aufbewahrt und ausgestellt wurde.

Aber mir fiel auch auf, dass der Umgang mit Gedrucktem in Bibliotheken und Archiven meinen Gewohnheiten nicht entsprach. In der Lenin-Bibliothek in Moskau musste ich mich bei einem bewaffneten Milizionär ausweisen, bevor ich überhaupt zur Anmeldung vorgelassen wurde. An der Anmeldestelle verlangte eine resolute Dame, ich müsse meinen Reisepass abgeben, damit man meine Registrierung vorbereiten könne. Man brauchte also auch für die Bibliothek ein Visum. Erst am nächsten Tag konnte ich meinen Pass wieder abholen und bekam einen Leseausweis. Mit diesem Ausweis dürfe ich den Lesesaal Nr. 1 betreten, so wurde mir gesagt, dessen Benutzung nur verdienten Parteifunktionären, Professoren und Ausländern aus dem Westen zustehe, aber ich müsse, wenn ich die Bibliothek zum Mittagessen verlassen wolle, alle Bücher wieder abgeben, auf einem Laufzettel registrieren, was ich gelesen hatte, diesen Laufzettel abstempeln lassen und dem Polizisten am Ausgang vorlegen. Ich entschied mich gegen das Mittagessen. Nun, so dachte ich, könnte ich sogleich bestellen und lesen, was ich mir vorgenommen hatte. Aber ich hatte nicht damit gerechnet, dass im Katalog nur solche Bücher zu finden waren, die niemanden interessierten. Was wirklich von Belang war, befand sich offenkundig nicht im öffentlich zugänglichen Katalog, sondern anderswo. Niemand außer den Bibliothekaren, das wurde mir schnell klar, hatte eine Vorstellung davon, was in der Bibliothek wirklich zu finden war und wo es aufbewahrt wurde. Ich brauchte also die Hilfe derer, die die Bibliothek und ihre Bestände kannten, und so war ich fortan den Launen der Mitarbeiter ausgeliefert, die mir nur mitteilen wollten, was ich wissen sollte. Sie entschieden für mich, welches Buch für mein Thema gelesen werden müsse, und sie entschieden es nach ihren eigenen Wertmaßstäben.

In den Archiven war es nicht anders. Es gab offizielle und geheime Findbücher. Die geheimen Findbücher bekam man nicht zu sehen, sie befanden sich in der Obhut der Archivare, die darüber entschieden, welche Akten sie aus ihnen für die Historiker auswählten. Ich wollte einmal solch ein geheimes Findbuch sehen, das zum Bestand der Zentralen Kontrollkommission der Kommunistischen Partei gehörte, um dort nach einem bestimmten Ereignis zu suchen. Ich bekam folgende Antwort: Leider sei das Findbuch nicht mehr im Archiv vorhanden, weil man es vor Kurzem der Stadt Gori, dem Geburtsort Stalins, zum Geschenk gemacht habe. Ich wusste natürlich, dass diese Auskunft ein Witz war, aber ich hatte verstanden, dass nicht die Leser, sondern die Bibliothekare und Archivare entschieden, wer etwas zu lesen bekam und wer nicht. Bibliotheken und Archive waren Verwahranstalten, in denen Akten und Bücher aufbewahrt und verwahrt wurden. Sie waren keine Orte des freien Lesens und Forschens. Die Sowjetunion war ein Land von Lesern. Aber sie war auch ein Land, dessen Leser beaufsichtigt und kontrolliert wurden und in dem die Regierung den Untertanen vorschrieb, was sie lesen sollten und zu welchem Zweck.

Man könnte es sich einfach machen und sagen: Was soll man von einer Diktatur auch anderes erwarten als Bevormundung und Kontrolle? Aber diese Erklärung wäre nur die halbe Wahrheit. Zwar war die Herrschaft der Bolschewiki eine Diktatur, die ihre Untertanen zwang zu gehorchen. Sie unterdrückte alle Informationen, die ihren Herrschaftsanspruch gefährdeten oder es Menschen ermöglicht hätten, sich gegen sie zu verschwören, so wie alle Diktaturen verfahren, wenn sie überleben wollen. Die Essenz der bolschewistischen Diktatur aber bestand nicht in der Erzeugung von Gehorsam. Sie war vor allem eine Erziehungsdiktatur, die eine zivilisatorische Mission zu erfüllen hatte. Bauern mussten in Leser verwandelt werden, sie mussten ein Wissen erwerben, das sie befähigte, Teil jenes großen Ganzen zu werden, das die Bolschewiki Sozialismus nannten. Denn nur als Leser konnten Bauern moderne Sowjetbürger und neue Menschen werden. Die Bolschewiki waren Eroberer und Erzieher, die ihrer Sache nur zum Sieg verhelfen konnten, wenn sie sich den Bauern des Imperiums mitteilten. Das geschriebene Wort war das Mittel, mit dem diese Mitteilung ins Werk gesetzt wurde: durch Verordnungen, Plakate, Broschüren und Bücher, die das politische Anliegen der neuen Herren verbreiten sollten. Der Bolschewismus war eine Diktatur, die das Buch zu einem Fetisch machte. Das Buch war eine Repräsentation des Erziehungsstaates, es stellte dar, was die Bauern noch nicht waren, aber werden sollten. Deshalb verachteten die Bolschewiki den freien Markt und die Massenkultur der westlichen Länder, in denen die Nachfrage darüber entschied, was gedruckt und was gelesen wurde. Ähnliche Auffassungen vertraten vor der Revolution auch Konservative und Liberale, die sich als Aufklärer und Erzieher, nicht aber als Repräsentanten des Volkes verstanden. Die Bolschewiki repräsentierten nur die extremste Variante dieser Erziehungsmission.

Für Lenin und seine Anhänger gab es keinen Zweifel, dass die Bevölkerung des sowjetischen Vielvölkerimperiums dem Verderben ausgeliefert wurde, wenn man es den Kräften des Marktes überließ, was das Volk zu lesen bekam. Im Verständnis der bolschewistischen Elite war das Buch ein Erziehungsinstrument in den Händen der Diktatur, die Lesevorschriften erließ und auf diese Weise die Gewohnheiten und Sitten der Bauern verbesserte. »Ingenieure der menschlichen Seele« seien die Schriftsteller, so hat Stalin zu Beginn der Dreißigerjahre gesagt und damit auch den Auftrag beschrieben, den Dichter und Journalisten nunmehr zu erfüllen hatten. Schriftsteller und Buchhändler arbeiteten an der Entwicklung der sowjetischen Kultur, sie erzogen Leser und Kunden zu neuen Menschen. Deshalb war die Bekanntschaft der Bauern mit Büchern nicht nur eine Begegnung mit den Buchstaben, die

sie erlernen sollten. Bücher vermittelten Bauern, die nicht wussten, warum sie Teil einer ihnen unbekannten Ordnung werden sollten, in welcher Sprache und in welchen Formeln die sichtbare Welt auf den Begriff gebracht werden musste, sie wurden mit der manichäischen Sicht der Bolschewiki und ihren Vorstellungen vom neuen Leben bekannt gemacht, und sie internalisierten ihre formelhafte, einfache Sprache, die es ihnen erlaubte, sich in der neuen Ordnung zurechtzufinden und zu bewegen. Im sowjetischen Buch teilte sich auch der ästhetische Stil der stalinistischen Funktionärselite mit, wie er im 1934 kanonisierten Sozialistischen Realismus zum Ausdruck kam und der sich an den Erziehungsbedürfnissen der Herrschenden und den Rezeptionsmöglichkeiten einfacher Leser orientierte. Man erlernte also nicht nur die Sprache, die in den Büchern zu lesen war, man gewöhnte sich, während man las, auch an den Stil und den militanten Inhalt des Geschriebenen, das von Verschwörern, Feinden und ihren heldenhaften Bezwingern handelte.

Im roten Vielvölkerimperium kam es darauf an, dass die Untertanen, die in vielen Sprachen sprachen und aus verschiedenen Kulturen kamen, mit einem Kanon von Texten und Stilen konfrontiert wurden, der sie verband und integrierte und der es dem Regime ermöglichte, seinen Machtanspruch nicht nur zu behaupten, sondern auch durchzusetzen. Bücher wurden in der Stalinzeit, wo sie als Erziehungsmedien zum Einsatz kamen, nicht gelesen, sondern ihr Inhalt laut vorgelesen, ohne dass die Leser immer verstanden hätten, was auf den Seiten, die sie sich selbst vorlasen, erklärt oder beschrieben wurde. Aber darauf kam es gar nicht an. Wer Teil der sowjetischen Kultur sein wollte, musste »kultiviert« sein, und das Buch symbolisierte den Habitus des neuen Menschen, der Texte nicht las, sondern »studierte«. »Sidi spokoino, uchi knigu!« (Sitz hier ruhig und studiere das Buch!), das war eine der häufigen Redewendungen jener Zeit. Das Buch war das Statussymbol des stalinistischen Funktionärs, der von unten kam und mit dem Besitz von Büchern demonstrierte, dass er den Aufstieg geschafft hatte. Wahrscheinlich haben Nikita Chruschtschow oder Lasar Kaganowitsch nur wenige Bücher selbst gelesen, aber sie propagierten das Lesen als eine Form kultivierter Freizeitgestaltung, die im Dienste der neuen Ordnung und ihrer Aufgaben stand. Wer las und dieses Können öffentlich demonstrierte, wurde zu einem Teil jener Gesellschaft, die sich für kultiviert hielt. So gesehen war die sowjetische Büchererziehung vor allem ein Instrument zur Homogenisierung kultureller Praktiken, sie war kein Mittel zur Entwicklung eines differenzierten literarischen Geschmacks. Das konnte im Milieu der Bauernaufsteiger, die geringe Ansprüche an die Ästhetik von Texten hatten, auch

gar nicht anders sein. Aber sie kultivierte in der sowjetischen Gesellschaft eine Hochachtung für das Buch und beeinflusste das Freizeitverhalten vieler Menschen. Denn das Lesen von Büchern war nicht nur eine Repräsentation kultivierter Menschen. Es ermöglichte soziale Distinktion und sozialen Aufstieg.

In der Stalinzeit wurden Sammler von Büchern und Leser von Romanen noch verachtet. Bücher sollten nicht nur gelesen werden, sie sollten auch einen gesellschaftlichen Erziehungszweck erfüllen. Ein Buch dürfe nichts weiter als ein Objekt des wissenschaftlichen Interesses sein, so erklärte die Große Sowjetenzyklopädie aus dem Jahr 1927. Liebesromane, Krimis oder Comics waren nutzlos, weil sie zur Aufklärung der Bevölkerung angeblich nichts beitrugen und die Sitten verdarben. Vor allem aber sollte das Lesen von Büchern keine Individualisten, sondern Mitglieder von Kollektiven erzeugen, die sich beim Lesen und Wiedergeben des Gelesenen als Gleichgesinnte und Teil eines Gesinnungskollektivs erkannten. Der Leser sollte kein Konsument sein, sondern jemand, der Bücher las, um sich zu einem nützlichen Mitglied der Gesellschaft zu entwickeln. In der Stalinzeit gab es sogar ein eigenes Genre von Büchern, die darüber aufklärten, zu welchem Zweck man lesen sollte, wie man richtig las und wie man es anstellte, ein kultivierter Mensch zu werden. Die

Obsession der Bolschewiki, Bauern in Leser zu verwandeln, wird also gar nicht verständlich, wenn man sie nur als Teil ihres Bemühens wahrnimmt, die Diktatur zu festigen. Sie war auch ein Nebenprodukt der sowjetischen Staatsbildung und der Homogenisierung eines multiethnischen Bauernimperiums.

Damit gelingen konnte, wovon die neuen Machthaber träumten, mussten sie alle konkurrierenden Leseangebote und ihre Interpreten aus der Welt schaffen. Traditionen konnten nur begründet werden, wenn alte Traditionen in Vergessenheit gerieten. Schon im November 1917 ordnete das Volkskommissariat für Bildung an, alle privaten Buchsammlungen, die mehr als fünfhundert Bücher umfassten, überall in Russland zu konfiszieren. Im September 1919 wies Lenin die Tscheka an, alle Bücher von Privatpersonen zu beschlagnahmen und zu vernichten, deren Herkunft und Inhalt den Verdacht der Staatsmacht erregten. Millionen von Büchern wurden bereits während des Bürgerkrieges geraubt, ins Ausland geschafft, auf Schwarzmärkten verkauft oder aber in großen Vernichtungsaktionen verbrannt. Während der Neuen Ökonomischen Politik, zwischen 1921 und 1927, wurde der freie Handel mit Büchern, die Gründung privater Verlage und die Eröffnung von Buchläden zwar wieder erlaubt. Aber die Bolschewiki mussten die Erfahrung machen,

dass sich ihre Literatur gegen das Angebot des Marktes nicht durchsetzen konnte. Diese Wahrheit empfanden sie als Kontrollverlust und Bedrohung, vor allem in den nationalen Randregionen, in denen eine Literatur erschien, die den kulturellen Standards der Bolschewiki überhaupt nicht entsprach und über die sie keine Kontrolle ausüben konnten. Die Leser des freien Marktes waren für das bolschewistische Erziehungsprojekt verloren. Deshalb war die Stalin'sche Revolution von oben nicht nur ein Feldzug gegen die alten Eliten und ihre Deutungshoheit. Sie war vor allem ein Versuch, alle Bücher und Druckerzeugnisse aus der Welt zu schaffen, die konkurrierende Deutungsangebote unterbreiteten.

Das Regime konnte natürlich verhindern, dass Bücher erschienen, die es für gefährlich hielt. Denn 1929 kam es zur Verstaatlichung des Buchhandels und des Verlagswesens, dessen Bücher nur noch veröffentlicht werden konnten, wenn sie die oberste Zensurbehörde passiert hatten. Wie aber sollten die Bolschewiki mit dem kulturellen Erbe des zarischen Imperiums und seinen Bibliotheken umgehen, die eine Welt enthielten, die die Bauern und ihre Nachkommen vergessen sollten? Darauf gab es nur die eine Antwort: Sie mussten unzugänglich werden. Seit den späten Zwanzigerjahren wurden überall in der Sowjetunion Bibliotheken geplündert, Bücher verbrannt oder auf andere Weise vernichtet, und seit 1935 wurden auf

Anweisung Stalins sogenannte spezielle Abteilungen in den Bibliotheken eingerichtet, in denen man die jeweils verbotene Literatur verwahrte und unzugänglich machte. Und weil in der Stalinzeit die Zahl der Feinde ständig zunahm, vergrößerte sich auch die Zahl der Bücher, die in diesen Abteilungen verwahrt und vor den Lesern in Sicherheit gebracht werden mussten. Das kulturelle Erbe des Zarenreiches geriet in Vergessenheit, alle Schriftsteller, die ausgewandert oder politisch verdächtig waren, wurden zu Unpersonen erklärt, schließlich auch alle Bücher aus der Feder der Menschewiki und anderer Revolutionäre, die in Ungnade gefallen waren, in den Kammern des Vergessens deponiert. In den islamischen Regionen der Sowjetunion bewirkte die Schriftreform, was die Repression nicht zustande gebracht hatte. Durch die Latinisierung der Schrift wurde der Koran unlesbar, die Literatur der muslimischen Welt unzugänglich. Für eine Weile verstummte der sowjetische Orient, bis er sich mit einer sowjetischen Stimme wieder zu Gehör brachte.

Am Ende der Stalinzeit hatten aber auch die Leser bereits begriffen, dass es klug war, sich von Büchern zu trennen, deren Autoren und deren Inhalt bei den Machthabern im Verdacht standen. Man warf sie weg oder versteckte sie vor den Augen der Öffentlichkeit. In den Fünfzigerjahren erhielten die Abonnenten der Großen Sowjetenzyklopädie Anweisun-

gen, wie sie mit Personen umgehen sollten, die im Lexikon vorkamen, aber in Ungnade gefallen waren: Man solle die Artikel, die über sie Auskunft gaben, einfach mit der Schere ausschneiden. Eine Welt, die die Machthaber nicht selbst entworfen hatten, konnte es also gar nicht geben. Jeder wusste, dass es sich so verhielt und dass man sich in der Welt der Lüge zurechtfinden musste, wenn man überleben wollte.

Informationen mussten also gefiltert und so aufbereitet werden, dass die Sowjetbürger nur zu lesen bekamen, was sie lesen sollten. In den Stalinjahren erfüllten Bibliotheken diese Funktion. Bibliotheken waren Orte, an denen Leser zugerichtet, überwacht und kontrolliert wurden, denn nur hier wurden Bücher für die Öffentlichkeit zugänglich gemacht, hier wurde darüber entschieden, was die Benutzer lesen durften. Leser konnten kontrolliert, Informationen dosiert werden. In Bibliotheken wurden kulturell unerfahrene Leser geschult und auf die neue Welt vorbereitet. Deshalb verwandelten die Bolschewiki Bibliotheken in Tempel, die Ehrfurcht erzeugen sollten. Die 1928 neu gestaltete Lenin-Bibliothek in Moskau, die unmittelbar vor dem Kreml errichtet wurde, war ebenso wie die Metro ein Palast, ein Tempel des Buches, der religiöse Gefühle erwecken und das Lesen in den Rang einer heiligen Handlung erheben sollte. Eine riesige Treppe führte von unten nach oben in den Katalogsaal, die, wenn man sie vom

Eingang aus betrachtete, aussah, als führe sie zu einem Altar. Innerhalb des Tempels aber eröffnete sich den Lesern die Wirklichkeit der Sowjetunion: Die Kantine verströmte den Geruch eines Tigerkäfigs, und wenn man im Lesesaal für Privilegierte saß, musste man sich, wenn die Tür geöffnet wurde, dem infernalischen Gestank der Toiletten aussetzen, die sich im Keller des Buchtempels befanden.

Auch sonst entsprach die Praxis in diesen Bibliotheken nicht den Erwartungen, die man beim Betreten eines Tempels hat. Bibliotheken waren Festungen, deren innere Organisation jedem sofort zu erkennen gab, dass in ihnen vor allem Informationen vor den Lesern verborgen werden mussten. In der Stalinzeit waren Bibliotheken Orte kollektiver Paranoia, denn kein Bibliothekar konnte sicher sein, welche Bücher herausgegeben und welche nicht herausgegeben werden durften. Sie zogen es deshalb vor, den Lesern fast alles vorzuenthalten, was sie irgendwie für verdächtig hielten. Auch später, nach Stalins Tod, setzte sich die Praxis fort, verbotene Bücher in speziellen Abteilungen aufzubewahren, die von Wächtern bewacht und vor den Lesern abgeschirmt wurden. Ein gigantischer Apparat war damit befasst, Bücher auszusondern und diese Bücher zu erfassen, zu katalogisieren und sie privilegierten Personen, die eine Sondererlaubnis hatten, zur Lektüre zu überlassen. Die Leser wussten also überhaupt nicht, was ihnen vorenthalten

wurde. Sie konnten es ahnen, aber sie konnten es nicht wissen, vor allem dann nicht, wenn die Traditionen, aus denen die verbotenen Bücher kamen, in Vergessenheit geraten waren. Vladimir Nabokov und andere Schriftsteller der Emigration, die man im Westen kannte, waren in der Sowjetunion unbekannt, und erst in den Jahren der Perestroika wurden sie neu entdeckt.

Die Bibliothekare verstanden sich als Bewahrer und Verwalter von Büchern, sie entschieden, was man lesen durfte. Sie übten Macht aus, die sie nicht gern aufgaben, und ich erinnere mich, dass auch in den Neunzigerjahren Bibliothekare und Archivare versuchten, mir zu erklären, was ich lesen solle, und dass nur sie allein wüssten, was das Richtige für mich sei. Ein Katalog, so erklärten sie mir, sei überhaupt nicht notwendig. Einem ungarischen Historiker, der 1975 in der Bibliothek der Universität Odessa nach den Werken von Isaak Babel fragte, wurde mitgeteilt, einen Schriftsteller mit diesem Namen habe es in der Sowjetunion niemals gegeben, und deshalb könne es auch kein Buch dieses Schriftstellers geben. Man könnte auch sagen, dass die sowjetischen Bibliotheken Labyrinthe waren, an deren Kreuzungen Aufseher standen, die die Leser in die falsche Richtung führten. Sie waren graue und finstere Orte, an denen sich nicht der Verstand aufhellte, sondern der Verdruss regierte.

In den Bibliotheken spiegelte sich auch die sowjetische Ständegesellschaft. In der Lenin-Bibliothek in Moskau wurden Leser verschiedenen Statusgruppen zugeordnet, die in bestimmten Lesesälen sitzen durften, die entweder schlecht oder gut ausgestattet waren und deren Rang in der Hierarchie sich darin ausdrückte, in welchem räumlichen Abstand sie sich zur Toilette befanden. Der allgemeine Lesesaal erinnerte an eine Bahnhofsvorhalle, durch den hin und wieder auch einmal ein Wagen mit Fleisch oder Gemüse geschoben wurde, den die Bibliothekare irgendwo organisiert hatten. Im Lesesaal 1, wo die Mitglieder der Akademie, die Funktionäre des Staates und die Ausländer saßen, ging es ruhig und gediegen zu, und man wurde hier auch nicht so scharf zurechtgewiesen wie in den anderen Sälen. Jeder wusste, dass man durch Leistung, Beziehungen oder Dienstjahre irgendwann in einen anderen Saal aufsteigen konnte. Leser wurden gegeneinander ausgespielt und diszipliniert, so wie in der gesamten Sowjetunion das Regime vergeblich daran arbeitete, die Gesellschaft zu disziplinieren.

Denn Polizisten kontrollierten die Leser beim Hinein- und Hinausgehen, und jedes Buch, das ein Leser jemals bestellt oder ausgeliehen hatte, wurde in einen Dienstkalender eingetragen. So konnte nicht nur ermittelt werden, was die Leser lasen und ob es verboten war, was sie lasen. Der Sicherheitsapparat erfuhr auch, ob die Bibliothekare gehorchten und ob sie den Lesern Wünsche erfüllten, die sie nicht erfüllen durften. Der sowjetische Dissident Andrei Sinjawski wurde vom KGB überführt, weil er aus einer Schrift Lenins zitiert hatte, die im Spezchran, also in der Geheimen Abteilung der Bibliothek, aufbewahrt wurde. Der Bibliothekar, der diese Schrift herausgegeben hatte, hatte auf der Leserkartei, die für jeden Leser angelegt wurde, eingetragen, dass Sinjawski dieses Buch gelesen hatte. Das Regime konnte also das Leseverhalten von Lesern in Bibliotheken genau verfolgen und sich ein Bild von den Vorlieben und Auffassungen dieser Leser machen. Bibliotheken waren Orte der Paranoia, Bibliothekare Wächter, die Bücher bewachten und Leser kontrollierten, damit diese nicht erfuhren, was sie nicht wissen durften.

Wer es sich leisten konnte, las zu Hause. Seit den Fünfzigerjahren hatten sich die Bildungsbedürfnisse der Bevölkerung und die Lesegewohnheiten der kommunistischen Eliten verändert, differenziert und verfeinert. Und seit die Sowjetbürger auch in eigene Wohnungen zogen, konnten sie in ihren eigenen vier Wänden selbst entscheiden, wie und was sie lasen. Eltern unterwiesen Kinder selbst im Lesen, Bücher wurden nunmehr als Statussymbole von Wohlstand und Kultiviertheit gesammelt und in den Wohnungen ausgestellt. Bücher waren in der poststalinistischen Ära vor allem

Distinktionsobjekte der neuen Funktionärs- und Mittelschicht. In der *Literaturnaja Gazeta* erschien 1975 ein Artikel, der den Lesern einen Einblick in die Welt der Sammler und Leser vermittelte. »Ich persönlich lese alle gesammelten Werke von Deckel zu Deckel durch«, antwortete ein Pensionär, der von der Zeitung nach seinen Lesegewohnheiten befragt wurde, »die Anmerkungen eingeschlossen.« Er kaufe Bücher nicht nur für sich selbst, sondern auch für die Nachkommen. »Ich möchte, dass sie von jung an sich daran gewöhnen, inmitten guter Bücher zu leben. Das ist eine große Sache.« Eine ältere Frau ergänzte: »Aber ohne Hemingway halte ich es nicht aus. Viermal habe ich die Doppelbandausgabe durchgelesen.« Seltene Bücher zu sammeln, war kein Zeichen von Dissidenz, sondern von Kultur und gutem Geschmack. Die mehrbändigen Puschkin-Ausgaben wurden von Buchdeckel zu Buchdeckel durchgelesen, manchmal sogar mehrmals, sie wurden als Aussteuer und Mitgift verschenkt oder den Nachkommen vererbt. Denn Bücher waren Mangelware und eines der wenigen Statussymbole, die man in der späten Sowjetunion überhaupt sammeln konnte. Der Mangel erzeugte überhaupt erst den Bücherboom, und wo der Mangel regierte, gewann an Ansehen, wer eine kulturell positiv konnotierte Mangelware besaß.

Der zentralisierte Buchmarkt produzierte an den Bedürfnissen der Bürger vorbei, die sich, um in den Genuss von Romanen und Klassikern zu geraten, in informellen Buchclubs zusammenschlossen, Bücher in Buchläden zum Tausch anboten oder sich für Subskriptionen gesammelter Werke einschrieben. Für ein Buch von Hemingway oder Alexandre Dumas standen Menschen oft mehr als zwölf Stunden in der Kälte vor einem Buchladen, nur um dann zu erfahren, dass ihr Warten umsonst gewesen war. In der Jagd auf die Mangelware Buch gab es keine Grenzen. In den Bibliotheken wurden Seiten aus seltenen Büchern herausgerissen, Bücher gestohlen und auf dem Schwarzmarkt verkauft. Es mag paradox klingen, aber dieser Schwarzmarkt trug zur Stabilisierung der sowjetischen Ordnung mehr bei als der offizielle Buchmarkt. Denn er befriedigte die Lese- und Distinktionsbedürfnisse der sowjetischen Mittelschichten und erhöhte das Prestige des Buches als kostbare Ware und als Zeichen der kulturellen Überlegenheit ihrer Leser. Bücher waren auch deshalb von solch großer Bedeutung, weil es in der Sowjetunion fast keine alternativen Möglichkeiten der Unterhaltung und Zerstreuung gab. Es ist kein Zufall, dass die ersten Unternehmer, die in den Jahren der Perestroika zu Reichtum kamen, mit Büchern handelten.

Manche verstanden Bücher auch als Symbole der Dissidenz und lasen sie auch so. Der Schriftsteller Andrei Bitow gab einmal bekannt, er habe Puschkin nur als Erzieher kennengelernt. Er aber wolle Bücher nicht lesen, um erzogen zu werden, sondern um sich seines eigenen Verstandes zu bedienen, das Buch also nicht nach Anweisung zu »studieren«, sondern es auf eigene Weise zu verstehen. Denn das Buch ist, wenn es geschrieben worden ist, nicht mehr das Buch des Autors. Es ist das Buch des Lesers, der damit anstellen kann, was er will. Das war der Standpunkt der intellektuellen Dissidenz. Für sie war das Buch ein Medium stiller Opposition, man konnte die Klassiker auf eine subversive Weise lesen, man konnte aus der Diktatur fliehen und sich in die innere Emigration begeben, selbst wenn man Lenin las und sich seinen eigenen Reim darauf machte. Aber auch dieses Lesen litt an den Folgen der Diktatur. Die Lektüre von Büchern wurde zu einem Ausweis richtiger Gesinnung und Weltanschauung, Schriftsteller und Dichter wurden angebetet und verehrt, wenn sie nur das Gegenteil von dem repräsentierten, was das Regime darstellte. Die Literaturzeitschrift *Nowy Mir*, die in den Jahren des Tauwetters die Stimme der Entstalinisierung war, war mehr als eine Zeitschrift, sie war ein Identifikationssymbol für die Intelligenzija, wer sie las, gehörte zu einer Gruppe von Menschen, die sich ihres Verstandes selbst bedienen konnten. Ihr Herausgeber Twardowski war für die Leser einfach ein besonderer Mensch.

Was verboten und unzugänglich war, was aus dem Ausland kam und den Lesern vorenthalten wurde, erwies seine Bedeutung und seine Wahrheit allein darin, dass es den Machthabern missfiel. Die Erziehungsdiktatur hielt die Wahrheit im Verborgenen, deshalb enthielt das Verborgene eine besondere Wahrheit, die man unkritisch anbetete. Als sich die neuen Wahrheiten nach dem Ende des alten Regimes an den postsowjetischen Realitäten bewähren mussten, erlebten Leser, die in Büchern nach ewigen Wahrheiten und idealen Gesellschaften suchten, Enttäuschungen. Denn die meisten Menschen wollen unterhalten, nicht erzogen werden. Dafür benötigt man auch in Russland keine Bücher mehr. Als die Erziehungsdiktatur zerfiel, hörte Russland auf, ein Land der Bücher und Leser zu sein. Soll man das bedauern? Die meisten Menschen sehen lieber fern oder gehen zum Fußball. Aber eine Gesellschaft, die die wenigen Leser in Ruhe lesen lässt, was sie lesen wollen, ist mir lieber als eine, die vielen Lesern vorschreibt, wie sie lesen und leben sollen.

60

HARTMUT BÖHME

PASSIONEN DER BIBLIOTHEK

Jörg Baberowski hat in seinem Beitrag den besonderen Status der Bibliotheken in der ehemaligen Sowjetunion dargestellt. Daran anschließend geht es zunächst um den Zusammenhang von Herrschaft und Bibliothek, der sich in der realen Leidensgeschichte der Bibliotheken darstellt. Gemäß der doppelten Bedeutung des Titels, worin »Passionen« sowohl die Leiden wie die Leidenschaften der Bibliothek bedeuten sollen, werden sodann die Leidenschaften behandelt, die sich als Phantasmen und Imaginationen um die Bibliothek ranken.

LEIDENSGESCHICHTE

Für uns heute ist es selbstverständlich, dass Bibliotheken und öffentlicher Zugang zusammengehören. Der Ausschluss von Lesern, die Sekretierung von Büchern, die Schaffung von unzugänglichen Bereichen erscheint uns als ein Widerspruch zum Geist der Bibliotheken, als Akte der kirchlichen oder staatlichen Zensur. Ein Geheimnis aus dem Schatz der Bücher zu machen, ist mit dem Prinzip der Öffentlichkeit und der unbeschränkten Zirkulation des Wissens unvereinbar.

Diese Freizügigkeit der Bibliotheken ist indessen eine späte Errungenschaft. Sie verdankt sich den Vorläufern der Demokratie, also etwa dem Konzept der freien Ideenzirkulation in der Gelehrtenrepublik, dem literarischen Markt und den frühen Formen einer kritisch-politischen Öffentlichkeit im 18. Jahrhundert. Von ihren allerersten Anfängen an waren Bibliotheken allerdings, räumlich wie konzeptionell, eng mit der Macht verbunden. Fast immer waren Schriftsammlungen in Herrschaftspalästen untergebracht und dienten der Monopolisierung des Wissens. Dass Wissen Macht generiert, ist nicht erst eine kritische Einsicht der Neuzeit. Francis Bacon (1561–1626) hatte dafür nur die klassische Formel geprägt: »Wissen ist Macht«; und darauf beruhte seine Idee eines universalen Fortschritts durch Lernen (*Advancement of Learning*, 1605), ein Fortschritt, der an die experimentelle Erfahrung sowie an das Medium Buch und die Bibliothek gebunden ist. Darum sind frühneuzeitliche Utopien stets auch gewaltige Lerninstitutionen, mit Bibliotheken, Laboren, Werkstätten ausgestattet, wie man beispielhaft in der Utopie *Christianopolis* (1619) von Johann Valentin Andreae (1586–1654), aber auch in *Nova Atlantis* (1627) von Francis Bacon und in *La città del Sole* (1602) von Tommaso Campanella (1568–1639) studieren kann.

In der Antike, schon seit den mesopotamischen Reichen, war es also stets eine imperiale Macht, die strukturell in die Bibliotheken und Archive eingeschrieben war. Darum wurden die Schatzhäuser des Wissens, eben die Bibliotheken, strengen Regimes des Zugangs und der Distribution unterworfen. Das gilt auch für den ersten Leittypus der abendländischen Bibliothek, nämlich die Klosterbibliotheken. Auch sie unterlagen vielfachen Beschränkungen und waren nicht nur wie die antiken Bibliotheken ein politisches, sondern auch ein kirchliches Instrument der Macht, ihrer Administration wie ihrer Repräsentation. Die formelle Einführung von Zensur und die Indexikalisierung von Büchern waren die katholische Antwort auf die Medienrevolution der Drucktechnik, welche die traditionellen geistlichen Wissensmonopole bedrohte und damit eben auch die Ausbreitung des Protestantismus begünstigte. Der dadurch ermöglichte, tendenziell unbegrenzte Verkehr von religiösen Ideen und wissenschaftlichem Wissen sprengte langfristig die hergebrachte Fusion von Bibliothek und Herrschaft. Freilich sind Zensur und Bücherverbrennung kein neuzeitliches oder gar nur gegenreformatorisches Phänomen. Man findet derartige Praktiken in nahezu allen antiken Hochkulturen, und auch im Christentum stand von allem Anfang an die Bücherverbrennung in gelegentlichem Gebrauch (vgl. Apg 19,19). Für die *longue durée* der »Bücherzernichtung und Zensur« hat Wolfgang Speyer festgestellt, dass »vom 4. Jahrhundert eine gerade Linie zur Inquisition des Mittelalters und zum Ketzergericht mit öffentlicher Verbrennung der häretischen

Schriften im Namen des christlichen Kaisers oder Königs (Autodafé)« führte.

Doch der unheiligen Allianz von Bibliothek und Herrschaft verdanken wir auch, dass wir heute überhaupt einen immerhin beeindruckenden Bestand an Quellen aus vier Jahrtausenden haben. Nur darum können wir heute Geschichtsforschung, aber auch Philosophie- und Literaturgeschichte betreiben. Denn es war und ist ein intrinsisches Begehren der Herrschaft, sich gegen den Strom der gefräßigen Zeit immun zu machen. Jede Herrschaft will sich dauerhaft dokumentieren, den tragenden Bestand von symbolischen und rechtlichen Ordnungen im Medium der Schrift verstetigen und damit auch die Regierung und Administration von Gesellschaften optimieren. Darum sind die antiken Herrschaftsinstanzen die Orte der ersten bibliothekischen Sammlungen. Diese über Jahrtausende unauflösliche Verschweißung von Bibliothek und Herrschaft hatte aber auch zur Folge, dass Bibliotheken in den Strudel der Mächte und Imperien, in ihre Kämpfe und Konjunkturen hineingezogen wurden. Eben weil Bibliotheken als Manifestation einer Herrschaft, als symbolisch hochrangige Orte einer staatlichen oder kulturellen Identität und als Einrichtungen der sozialen Exklusion und der geistigen Zensur angesehen wurden, konnten sie zum Ziel leidenschaftlicher Aggressionen werden. Man kann geradezu die Regel aufstellen, dass Kriege, Machtvakua und Regime-wechsel für Bibliotheken stets lebensgefährlich wurden. Weil dies so ist, ging das meiste der schriftlichen Überlieferung eben doch verloren. Die Geschichte der Bibliotheken ist von allem Anfang an von ihrer Zerstörung begleitet. Der Schutz, den der Staat (oder die Kirche) für die Bücher darstellte, ent-hielt immer auch das Risiko, dass sie im Falle von Krisen und Kriegen vernichtet wurden – durch Raub, Brandschat-zung, Zerstreuung oder, ganz einfach: durch Verkommen. Die destruktiven Leidenschaften, die sich auf Bibliotheken richten, verwandeln ihre Geschichte eben auch in eine Pas-sionsgeschichte. Zu Recht hat man darum gesagt, dass die Grenzwerte aller Bibliotheken durch drei Fluchtpunkte ge-bildet werden. Zum einen ist dies die fast natürliche End-lichkeit ihrer Speicherfähigkeit: jede Bibliothek ist zu klein; zum Zweiten ist dies die Erosion ihrer Objekte: Schimmel, Fäulnis, Zerfall, Insekten- und Mäusefraß; und drittens ist es das Feuer: als Emblem aller mutwilligen oder natürlichen Katastrophen.

Innerhalb unserer jüdisch-christlichen Kultur kennen wir zwei Kommunikationskatastrophen, die sich in der Wir-kungsgeschichte mit einer in der hellenistischen Antike wur-zelnden Bibliothekskatastrophe verbunden haben. Ich meine die Vertreibung aus dem Paradies, welche die Menschen aus der kommunikativen Unmittelbarkeit zu Gott vertrieb, sowie die Sprachverwirrung als Strafe für den hybriden Turmbau zu Babel, der das Menschengeschlecht in eine Fülle gegenseitig entfremdeter Sprachgemeinschaften zersplitterte. Die Biblio-thek zu Alexandria, die historisch überhaupt nicht mit dieser Tradition verbunden war, wurde in den mythischen Narrati-ven, die sich später um diese Bibliothek rankten, zur Utopie der Schriftkultur stilisiert. Alberto Manguel führt dazu aus: »... zwei Bauwerke, die, könnte man sagen, für all das stehen, was wir sind. Das erste, erbaut mit dem Ziel, den unerreich-baren Himmel zu erreichen, entsprang unserem Wunsch, den Raum zu erobern, einem Wunsch, der als Strafe die Vielfalt der Sprachen nach sich zog, die noch heute unsere täglichen Versuche vereitelt, uns miteinander zu verständigen. Das zweite, erbaut, um zu versammeln, was diese Sprachen aufzu-zeichnen versuchen, entsprang unserer Hoffnung, die Zeit zu besiegen, und endete mit einem Feuer, das sogar die Gegen-wart verschlang. Der Turmbau von Babel im Raum und die Bibliothek von Alexandria in der Zeit sind die ehrgeizigen Symbole dieses Strebens, die sich als Mahnmale dessen, was uns unmöglich ist, aus der Asche erheben.«

Alexandria – dieser Name steht für die Idee der vollstän-digen Sammlung sämtlichen Schrifttums der Welt, für die Gleichzeitigkeit alles Wissens an einem einzigen Ort hier und jetzt. Innerhalb der Bibliotheksmythologie ist Alexandria das fantastische Unternehmen, durch die Wiederherstellung einer bibliothekischen Universalität die Traumata, Entfremdungen und Leiden der Kommunikationskatastrophen zu heilen. Doch gerade dieser erste Entwurf einer Universalbibliothek wird mythografisch kontrapunktiert durch das Gegenbild der vollständigen Brandzerstörung der Bibliothek von Alexandria. Diese Katastrophe hat es, wie wir heute wissen, so niemals gegeben. Sie ist vielmehr das Gegenstück zur Utopie der absoluten Bibliothek, die alles je Geschriebene in sich birgt und damit eine totale Erinnerung ermöglicht. »Undeutlich, kolossal, allgegenwärtig«, so führt Alberto Manguel aus, »erscheint uns die stillschweigende Architektur der unendlichen Bibliothek noch heute in unseren Träumen von einer allumfassenden Ordnung.« Dies aber ist nicht nur der Traum, sondern auch der Albtraum der Bibliothek: Eine Bibliothek ohne Vergessen und Verlust wäre das Ende der Geschichte. Das Gegenbild hierzu ist folgerichtig das totale Vergessen oder die totale Zerstörung. Diese sind in der brennenden Bibliothek zum mythischen Urbild geworden. Seither ist, so Günther Stocker, »der negative Fluchtpunkt der Bibliothek ... ihr Brand ... Brennende Bibliotheken sind eines der eindrücklichsten Schreckbilder der Kulturgeschichte.«

Das gilt bis heute. Wir sollten dabei nicht nur an zufällige oder fahrlässige Brandkatastrophen wie im Fall der Herzogin-Anna-Amalia-Bibliothek in Weimar im September 2004 denken, sondern an die historisch viel bedeutsameren, gezielten Zerstörungen von Bibliotheken. Hierfür einige charakteristische Beispiele des letzten Jahrhunderts: Als Exempel für die strategische Zerstörung kultureller Einrichtungen im Ersten Weltkrieg steht bis heute die Zerbombung der Bibliothek von Leuven, die von allen gegnerischen Kriegsparteien als ein Fanal des grenzenlosen Kriegswillens der Deutschen verstanden werden sollte (die neu aufgebaute Bibliothek wurde von den Nationalsozialisten erneut zerstört). Tatsächlich integrierten die Nationalsozialisten, systematisch wie niemals zuvor in irgendeinem anderen Krieg, in ihre Kriegsführung auch die Zerstörung von Bibliotheken und Kulturdenkmälern. Die kulturelle Identität des osteuropäischen Judentums, des polnischen und russischen Volkes sollte ausgelöscht werden. Nach der Untersuchung von Hilda Urén Stubbings sind – gemessen am Vorkriegsstand – etwa 57 Prozent der Buchbestände in den von den Nazis überfallenen Ländern vernichtet worden. Es ist ein qualitativer Sprung in der Geschichte der Kriege, wenn nicht nur das gegnerische Militär und seine Regierung geschlagen, sondern auch die materielle und symbolische Kultur vernichtet werden sollte. Ziel der Aggression ist, das kulturelle Gedächtnis von

Völkern und Ethnien, die Erinnerbarkeit überhaupt spurenlos aus der Geschichte zu tilgen.

Man hat in diesem Zusammenhang oft auf Heinrich Heines Diktum verwiesen, das er in seiner Tragödie *Almansor* von 1821 anlässlich der Verbrennung des Korans nach der Eroberung Granadas durch die Christen 1499/1500 prägte: »Das war ein Vorspiel nur, dort wo man Bücher/Verbrennt, verbrennt man auch am Ende Menschen.« – Die moderne, nationalsozialistische Umkehrung dieses Satzes, die modellgebend für das 20. Jahrhundert wurde, besteht darin, dass dort, wo man Menschen ermordet, auch deren materielle Kultur und mit ihr jedes kulturelle Gedächtnis in Flammen aufgehen soll. Der Biblioklasmus, der seit je die Geschichte der Bibliotheken begleitet, wurde im 20. Jahrhundert mit dem totalen Krieg, mit dem Genozid und Ethnozid systematisch verbunden. Bibliotheksforscherinnen wie Hilda Urén Stubbings (in ihrem Buch *Blitzkrieg and Books*, 1992) und vor allem Rebecca Knuth (2003/2006) haben den erst für die Moderne charakteristischen Neologismus »Libricide« geprägt. Damit wird der historisch neuartige Systemzusammenhang von regimegestützter Gewalt mit der Bibliotheks- und Kulturvernichtung bezeichnet. Dieses Phänomen ist nicht nur im Nationalsozialismus, sondern ebenso im Stalinismus, in der chinesischen Kulturrevolution, gegenüber Tibet, in Kambodscha, im Krieg Iraks gegen Kuwait, im zweiten Irakkrieg, während des Sturzes des Ceauşescu-Regimes 1989 bei der Zerstörung der Bukarester Nationalbibliothek oder in besonders brutaler Weise im Bosnienkrieg praktiziert worden, als die Serben einen Vernichtungskrieg auch gegen die Kulturgüter der bosnischen Muslime entfesselten. Letzterer fand seinen furchtbaren Ausdruck in der Zerstörung der Altstadt Sarajevos und der dortigen Zentralbibliothek (bei gezielter Aussparung aller christlichen Monumente): 1,5 Millionen Bände, 155.000 Rara und Manuskripte, 600.000 Zeitschriftenjahrgänge, das gesamte bosnische Nationalarchiv wurden ein Raub der Flammen, auch weil die Serben die Wasserversorgung abgeschnitten hatten und die schwachen Versuche zur Bücherrettung durch Scharfschützen nahezu unmöglich machten. Ähnlich wie in Sarajevo wurden die Pogrome an der muslimischen Bevölkerung in ganz Bosnien flächendeckend von einer Brandschatzung des kulturellen Erbes begleitet, um die Spuren des muslimischen Gedächtnisses auszulöschen.

Blättert man in den Prachtbänden und jährlich neuen, großformatigen Kalendern mit den Abbildungen der schönsten Bibliotheken Europas, die sich als wahre »Bücherarchen« (Thomas Hürlimann), als grandiose Kathedralen des Geistes darstellen, so vergisst man allzu leicht die Trümmer- und Aschenberge der zerstörten Bibliotheken, mit denen auch unzählige Dokumente menschlicher Kreativität für immer verloren gegangen sind. Es sind die Menschen selbst, die zu den furchtbarsten Feinden des Weltkulturerbes geworden sind, sofern dieses in die Form von Handschriften und Büchern geronnen ist. Keine Erinnerung kann eine Vergangenheit zurückholen, die für immer ruiniert, zerstört, verbrannt oder nur noch in Relikten erfassbar ist. Da aber die eherne Regel gilt, dass je ärmer die Erinnerung, desto ärmer auch die Zukunft ist, bedeutet der bis heute andauernde »Libricide« oder Biblioklasmus zugleich eine Vernichtung der Zukunft. Darum wird die Passionsgeschichte der Bibliothek von selbst zur Leidensgeschichte der Menschheit.

LEIDENSCHAFTEN UND FANTASIEN

Gewiss ist diese düstere Geschichte nicht die einzige der Bibliotheken. Passionen der Bibliothek – das sind ja nicht nur die Leiden, sondern auch all jene liebenswerten, skurrilen, fantastischen, großartigen Leidenschaften, von denen unsichtbar die Säle und Gänge der Bibliotheken erfüllt werden. Natürlich wird davon wiederum in Büchern erzählt. Und so ist die Literaturgeschichte seit dem Mittelalter voll von »imaginären Bibliotheken«. Sie erzählen, mehr als die Realgeschichte, von den Hoffnungen und Wünschen, den Gefühlen und Praktiken, kraft derer die Bibliotheken nicht etwa ein »Beinhaus der Wirklichkeiten« (Hegel), sondern im wahrsten Sinne Wirkungsstätten des Geistes sind, der sich in der Bibliothek materialisiert. So erlauben Bibliotheken, um wiederum mit Hegel zu reden, immer auch ein »Sich-innerlich-machen, Insichgehen«. Das heißt, sie sind Figuren der lebendigen Erinnerung und der Reflexivität von Geschichte. Von den memorativen, sensorischen, fantastischen Erfahrungen der Bibliothek gibt es viel zu erzählen, von der Reiselust, die schon im 18. Jahrhundert auch den Bibliotheken galt, von den »Idolen der Bibliothekare«, vom obsessionellen Sammeln und dem Leben mit den Büchern, von der Nacht (in) der Bibliothek, von ihrer Nahrung und ihrem Grauen, von den Bibliotheken als Wissensordnung, von der Heterotopie der Bibliotheken oder gar von ihrer olfaktorischen Belebung. Dies alles lassen wir hier, obwohl die Versuchung lockt, beiseite.

Gerade weil wir mit den Bibliotheken in den Gewaltexzessen des Krieges begonnen haben, darf man als Nächstes an die Erzählung »Ein General in der Bibliothek« (1953) von Italo Calvino erinnern. Hier wird von einer Inspektionstruppe erzählt, die vom Generalstab des Militärregimes Pandurien in die größte Bibliothek des Landes gesendet wird, um jene Bücher zu indizieren, welche der Ideologie des Militärs gefährlich sein könnten. Alle Leser und Gelehrten werden ausgesperrt, und das Militär nistet sich, wie eine Besatzungstruppe, in die Bibliothek ein: Nur ein alter Bibliothekar bleibt zurück, der den Militärs bei der Navigation durch die unbekannte Topografie der Bücher helfen soll. Immer wenn einem lesenden Offizier ein Text verdächtig vorkommt, bringt der Bibliothekar eilfertig dem zensurwilligen Offizier große Mengen weiterer Bücher herbei, die womöglich noch schlimmere ideologische Verletzungen darstellen – und die Soldaten vertiefen sich auch in deren Lektüre. So werden die Militärs immer gebildeter. Ihr Kopf füllt sich mit Wissen und Argumenten, Versen und Romanen. Und immer schwerer fällt es ihnen, den verlangten Rapport über die schädlichen Bücher abzuliefern. Calvino schildert, als Variante der Hegel'schen List der Vernunft, so etwas wie die heimliche List der Bibliothek: Aus Inspektoren werden Leser und aus Lesern nachdenkende Köpfe. Das Denken wird Buch für Buch entmilitarisiert und zivilisiert. Die Soldaten, die Zensoren sein sollen, verwandeln sich unter der Hand zu leidenschaftlichen Lesern, die dem Generalstab schließlich ein pazifistisches und kritisches »Kompendium der Geschichte der Menschheit« abliefern, was ihre Entlassung »aus Gesundheitsgründen« zur Folge hat.

Calvino liefert eine humoreske Variante zu der verbreiteten Bibliotheksutopie, wonach Bibliotheken Schaltstellen darstellen bei der Umstellung des gesellschaftlichen Codes von Gewalt auf Humanisierung – im Medium des Buches und der Bildung. Schwerter zu Pflugscharen umzuschmieden, setzt die Verwandlung der Soldaten in Leser voraus. Das erzeugt nicht nur die Brecht'schen Fragen des lesenden Arbeiters, sondern erinnert auch an den alten, seit 1170 im Umkreis von Cluny nachweisbaren Wahlspruch mittelalterlicher Klosterbibliotheken: »Claustrum sine armario, quasi castrum sine armamentario« (Gaufridus von Sainte-Barbe en Auge; Migne PL 205 [1855], S. 845; Ein Kloster ohne Bibliothek ist gleichsam ein Kastell ohne Waffenkammer). Übersetzt in die postreligiöse Phase heißt dies, dass die Bibliothek das Zeughaus des Geistes ist und dass die Bücher die Waffen der *vita contemplativa* sind, sei dies ein wissenschaftliches oder ein literarisches Leben. Der menschliche Geist, aus den Klausuren des Kopfes geboren, muss in die Welt eintreten. Er muss sich Stützpunkte, Bastionen und Verkörperungen schaffen, um wirksam zu werden: Und diese Stützpunkte sind nicht nur die technischen Praktiken, in denen sich Wissen und Können materialisieren, sondern es sind auch die Bücher, in denen dieses Wissen durch die Zeit transportiert, adressierbar und abrufbar wird, aber auch kontrolliert, verbreitet und verbessert. Darin wächst der denkbaren Verbesserung des menschlichen Geschicks ein *fundamentum in re* zu, eben Bastionen und Zeughäuser der Zivilisation, die sich in den letzten vier Jahrtausenden nicht nur, aber doch wesentlich im Medium der Schrift und mithin in einem lebendigen bibliothekischen Verkehr reproduziert.

Das typografische Zeitalter, das wissen wir alle, brachte ein weltgeschichtlich beispielloses Wachstum von Schrifttum mit sich. Das erzeugte eine wachsende Komplexität der Wissensordnungen, mithin auch der bibliografischen und bibliothekarischen Ordnungssysteme. Letztere erfuhren in der Literatur von Conrad Gessner im 16. Jahrhundert bis zu Robert Musil, Jorge Luis Borges oder Thomas Hürlimann vielfache, oft satirische Spiegelungen. Dies möchte ich übergehen, aber doch auf einige damit verbundene kulturkritische Effekte hinweisen. Spätestens im 18. Jahrhundert beginnt die kritische Reflexion der Publikationswut und Lesesucht, welche die Bibliotheken zu Ungetümen anschwellen lassen und die Köpfe der Leser mit wertlosen Lektüremassen vermüllen. In diesem Kontext einer frühen Ökologie des Buchwesens fällt unser Blick auf den Aufklärer Louis-Sébastien Mercier (1740–1815) und seinen utopisch-satirischen Roman *Das Jahr 2440. Ein Traum aller Träume* (*L'an deux mille quatre cent quarante: rêve s'il en fût jamais,* 1771). Im Kapitel »Die königliche Bibliothek« findet der Zeitreisende nicht, wie erwartet, eine gigantische Bibliothek, sondern ein kleines Kabinett. Gelehrte

Kommissionen haben das gesamte Schrifttum durchgemustert, um aus tausend Foliobänden *ein* kleines Duodezbändchen zu destillieren. So begegnet man der anschwellenden Publikationsflut durch eine Strategie bewusster Schrumpfung: Aus allen überflüssigen Büchern – wozu sämtliche Journale, parlamentarische Eingaben, Gerichtsplädoyers und Leichenreden, aber auch hunderttausend juristische Bände, hunderttausend Gedichte, eine Million sechshunderttausend Reisebeschreibungen und eine Milliarde Romane gehören – hat man einen neuen Turm von Babel errichtet und alles verbrannt: Bücherverbrennung als Sühneopfer der Wahrheit, des guten Geschmacks und des gesunden Verstandes. Dies ist die radikal-aufklärerische Variante jenes schrecklich besseren Wissens, das schon die Kirche bei dem Autodafé oder der Indexikalisierung von Büchern an den Tag gelegt hatte.

Man sieht, dass eine fundamentale Aufklärung bei weitem die kirchliche Zensur oder die militärische Literaturinspektion bei Calvino übertreffen kann. Im Ernst jedoch steht hinter dem Mercier'schen Traum die Idee einer Idealbibliothek, welche die Abbreviatur der gesamten Weltgeschichte der Schrift in sich zu bergen vermag. Das Feuer ist hier nicht das der wahllosen Flammen des Krieges, sondern das Reinigungsfeuer einer ultimativen Zeremonie, aus der die reine Vernunft als Phönix aus der Asche aufersteht. Von hier aus nehmen mehrere profane Mythologien und kulturkritische Ängste ihren Ausgang. Letztere werden vor allem dadurch angetrieben, dass die Flut der Publikationen zu einer grandiosen, ja apokalyptischen Überlastung der menschlichen Informationsverarbeitungskapazität führt. Jede Bibliothek birgt für jeden noch so leidenschaftlichen Leser die furchtbare Melancholie, dass er niemals mehr als einen winzigen Bruchteil des Schrifttums verarbeiten kann – und nicht einmal sicher ist, dass er dabei den Weizen von der Spreu hat sondern können. Dass es keine erschöpfende Lektüre gibt, lässt den potentiellen Leser erschöpft zurück. Bibliotheken, die niemals eine Ordnung nach Qualität und Wert enthalten dürfen – das hieße ja, dass sie eine Weltpolizei des Geistes zu sein sich anmaßten –, Bibliotheken, die also, folgen wir Mercier, hauptsächlich Unsinn enthalten, sind insofern auch Höllen der Verzweiflung, in die eine richtungslose Neugier des Lesers abstürzt. Gustave Flaubert (1821–1880) hat in seinem Roman *Bouvard et Pécuchet* (postum 1881), durchaus auf der Linie Merciers, gezeigt, wohin eine schrankenlose Bibliomanie ihre Leser zu (ver-)führen vermag: in eine papierene Existenz, die aus Zitaten aller möglichen Wissensgebiete zusammengestückelt wird: Leben als »Bibliotheksphänomen« (M. Foucault). Diesen Effekt hatte Flaubert bereits bei der Besichtigung der Traumwelten des heiligen Antonius entdeckt. Dessen fantastische Innenwelt wird aus den losgerissenen Fragmenten und Zitaten des Gelesenen generiert – wahrlich ein Purgatorium, für das die Bücher den Stoff hergeben (*La Tentation de Saint Antoine*, 1849–1874). Flaubert liefert unübertroffene Fallstudien zur Bibliomanie und zur Bibliothekspathologie. Deren *mörderische* Konsequenzen werden dann bei Umberto Eco ausfabuliert. Manguel kommentiert den (Alb-)Traum von Flaubert wie folgt:

»Mittlerweile ist Bouvards und Pécuchets Traum beinahe Wirklichkeit geworden, wenn uns scheinbar alles Wissen der Welt zur Verfügung steht, sirenengleich lockend auf dem flimmernden Bildschirm. Jorge Luis Borges, der einmal die unendliche Bibliothek aller Bücher beschrieb, erschuf auch einen an Bouvard und Pécuchet erinnernden Charakter, der versucht, eine Universalenzyklopädie zusammenzutragen, die so vollständig ist, dass sie die gesamte Welt erfasst. Am Ende scheitert er, genau wie seine französischen Vorläufer, aber nicht vollständig. An dem Abend, an dem er sein ehrgeiziges Projekt aufgibt, mietet er eine Droschke und fährt durch die Stadt. Er erblickt Ziegelmauern, einfache Leute, Häuser, einen Fluss, einen Marktplatz und hat das unbestimmte Gefühl, all diese Dinge seien sein Werk. Er erkennt, dass sein Projekt nicht unmöglich war, sondern allenfalls überflüssig. Die Weltenzyklopädie, die Universalbibliothek, existiert und ist nichts anderes als die Welt selbst.«

Die andere Konsequenz aus Merciers Traumreise in die Bibliothek der Zukunft wird von der ehrwürdigen Idee des absoluten Buches geprägt. Erinnern wir uns der seit Augustin sich unwiderstehlich ausbreitenden Idee, dass Gott sich in zwei Schrifttypen offenbart habe: in einem einzigen, alles umfassenden Buch, der Bibel, und in der Natur, die aus dem Wort hervorgegangen, mithin materialisierte Sprache ist – die Welt als Buch, als Welt-Buch, *liber naturae.* Man ahnt, dass diese Idee selbst ein Bibliotheksphänomen ist. Sie entspringt der *déformation professionelle* gelehrter Mönche, welche die Schrift, mit der sie tagaus, tagein lesend, abschreibend, übersetzend, kommentierend umgehen, zum Modell der Welt machen: Nichts kann sein, was nicht Schrift ist. Die profane Philosophie und auch die Literatur, so hat Hans Blumenberg gezeigt, haben ihre Phantasmen aus der Faszination dieser mittelalterlichen Idee der Welt als Buch hervorgehen lassen: die Idee eines alles komprehendierenden, synthetisierenden, ordnenden Systems *und* die Idee eines literarischen Werkes, das als absolutes Buch alles je Geschriebene aufnimmt und final abschließt. Von Novalis über Friedrich Schlegel und Stéphane Mallarmé bis zu Hubert Fichte zeigt sich die Unverwüstlichkeit dieser Idee: *Ein* Systementwurf, *ein* Buch kontert mit einem Schlag, der auch »un coup de dés« (Mallarmé), ein Würfelspiel sein kann, die Menge aller Bibliotheken mit ihren endlosen Reihen überflüssiger Literatur.

Natürlich hat Jorge Luis Borges (1899–1986) – immerhin Bibliothekar und Direktor der Nationalbibliothek Argentiniens und versteckter Namensgeber des wahnsinnigen Bibliothekars in *Der Name der Rose* –, natürlich hat Borges sich diese wunderlichen wie grandiosen Passionen der Bibliothek und der Schrift nicht entgehen lassen. Er hat ihnen vielmehr die ultimative Fassung verliehen. Zum einen ist dies die Fantasie des *einen* Buches, das – wie das magische Aleph, welches das ganze Universum in sich eingefaltet enthält – »aus einer unendlichen Zahl unendlich dünner Blätter bestünde«: Hätten wir nur dieses Buch und könnten wir in ihm jene Seite aufschlagen, welche die genaue Mitte des Buches wäre, und könnten wir in jene Mitte, die *zwischen* Vorder- und Rückseite dieser mittleren Seite sich befindet, vordringen, so wären wir erlöst in der unvorstellbaren Mitte der Schrift, will sagen: der Welt. Dieser Fantasie der *absoluten Konzentration* alles Geschriebenen steht in der Erzählung »Die Bibliothek von Babel« (1941) die Fantasie der absoluten Amplifikation gegenüber. Es ist eine Bibliothek, die aus der zwar nicht unendlichen, aber für Menschenmaß infiniten Menge aller Kombinationen besteht, welche die 25 Zeichen des orthografischen Systems miteinander eingehen können. Alles, was je geschrieben wurde und je geschrieben werden wird, in alle überhaupt denkbaren Sprachen übersetzt, und zudem noch alles, was aus den Buchstaben kombiniert werden kann, aber in keiner Sprache einen Sinn hat, findet sich irgendwo in dieser Bibliothek. Diese Buchstabenkombinationen sind in immer gleiche Quanten gebunden, eben die Bücher. Diese sind als völlig selbstidentische Bibliotheksmodule in allen Richtungen des Raumes ausgebreitet, von niemandem verstanden, von niemandem lesbar, von niemandem durchwanderbar: eine Bibliothek, die nicht nur so groß wie das Universum, sondern die das Universum selbst ist. In diesem vegetieren die Menschen als verlorene Atome in irgendwelchen Raumzellen des Geistes – ohne Aussicht auf Sinn, Zusammenhang, Einheit.

Fröhlicher als in den desperaten Metaphysiken der Bibliothek geht es in Thomas Hürlimanns Roman *Fräulein Stark* zu (2001), der uns in die berühmte St. Galler Stiftsbibliothek führt. Hier repetiert der Stiftsbibliothekar immer wieder seine »Lieblingsnummer«: »Im Anfang war das Wort ... dann kam die Bibliothek, und erst an dritter Stelle und letzter Stelle stehen wir, die Menschen und die Dinge.« Und dem fügt er das nominalistische Credo an: *nomina ante res.* Alles »habe zuerst als Wort existiert, erst später als Sache – und wenn all die Dinge dereinst längst wieder untergegangen sein werden, wird das Wort und sein Gedächtnis, die Bibliothek, noch immer existieren, unzerstörbar bis zum Jüngsten Tag«.

Vielleicht ist dieser Glaube an die Vorgängigkeit der Wörter gegenüber den Dingen nicht nur eine mittelalterlich-christliche Überzeugung, sondern das Credo jedes Bibliothekars und jedes Liebhabers der Bibliothek. Die Welt ist nicht, was der Fall, sondern das Buch ist. *Credo quia absurdum.* So leben Onkel und Neffe in dieser »Bücherarche« und »barocken Bücherkirche«, die im Keller noch ein sagenhaftes »Bücheratlantis« verborgen hält.

Trotz dieser gleichsam eschatologischen Würde der Bibliothek ist sie zugleich eine Stätte des Absurden und Vergeblichen, der *desperatio* also, mithin der Sünde, deren Seitentrieb die Utopie ist: »... je länger die Bibliothek bestand, desto komplizierter wurden die Systeme, desto zahlreicher die Bücher, so dass mit jedem Jahr, ja mit jedem Monat an dem sich unendlich verzweigenden Bücherbaum neue, jedoch bereits überfüllte Gestelle ausschlugen, über den Barocksaal ins Unendliche weiterwuchernd, unter das Dach hinauf, in die Keller hinab, Bücher Bücher Bücher, Abertausende von Titeln, niemals zu bewältigen, niemals zu katalogisieren«. Und so heißt es: »Ich hatte die Welt vor Augen und vermochte sie nicht zu sehen.« Wer dies sagt, und unwissend an die Bibliothek von Babel erinnert, ist der pubertierende Neffe des Bibliothekars, der einen Sommer lang den geradezu kultischen Dienst versieht, den Besuchern Filzpantoffeln überzustreifen, damit der Boden des Bibliothekssaals »aus hautweichem Kirschholz«, dieser »Geigenholzboden mit seinen Intarsien«, gegen »die winzigste Schädigung« behütet werde. Was uns hier interessiert, ist eine Kleinigkeit, die zum Plot des Romans wird: Zu Füßen der weiblichen Besucher nimmt der Junge die Witterung des Weiblichen auf; er versucht, Blicke in diesen »Abgrund der Stoffglocken«, der Frauenröcke, zu werfen, deren visuelles wie olfaktorisches Arkanum so nah und unerreichbar fern liegt wie die Geheimnisse der Bibliothek oder des Abgrundes über ihm, des Himmels: »Arbeit war es nicht, eher Hingabe, Verehrung, das stumme Gebet eines Knienden, der aus dem Knistern von Unterröcken das Innere der Geheimnisse flüstern hört.«

Nach all den schrecklichen und fantastischen Exkursionen in die Geschichte der Bibliotheken führt uns diese erotische Zweckentfremdung schließlich zur Bibliothek als Gebrauchsraum. Denn die Praktiken des Bibliotheksbesuchers erschöpfen sich niemals darin, dass er in ihr, wie der heilige Hieronymus, ein optimales Gehäuse einsamen Lesens und Studierens gefunden hat. »Bibliotheksflirt« heißt die veröffentlichte Abschlussarbeit eines Studierenden der Bibliothekswissenschaft, Jonas Fansa. Vielleicht müssen wir noch lernen, dass Bibliotheken nicht nur Magazine und Bibliothekare nicht Könige eines Reiches sind, in welchem die Leser nur eine störende, schmutzige und lärmige Umwelt bilden. Moderne Biblio-

theken sollen auch nicht nur Multimediaparks und Aufenthaltsräume für klausurenpaukende Studierende sein. Wenn sie die Konkurrenz zur digitalen Welt bestehen wollen, so dann, wenn sie nicht nur Wissensspeicher sind, was Computer und Datenbänke auch und vielleicht besser können, sondern multiple und performative Räume, in denen vielfältige soziale Figuren eine zwar geregelte, aber liberale Choreografie finden: Dies nennt Uwe Jochum »Die Bibliothek als *locus communis*«. Es sind kommunikative und kommunitäre Räume, die nicht nur die klassischen Akte wie Lesen, Exzerpieren und Schreiben beherbergen, sondern auch dem ambulierenden Entdecken, dem Gespräch, der Begegnung, den überraschenden Nachbarschaften, dem unverhofften Zufall, den erotischen Blicken, dem imaginären Selbstversuch in unbekannten Welten, ja selbst dem Dösen und Träumen einen Platz einräumen; wo es Zonen der Konzentration ebenso gibt wie solche der Gastlichkeit, des Lungerns und Ausruhens. All das macht gewiss die Bibliothek zu einem nervöseren und unruhigeren Raum, als es die kontemplative Stille der alten Bibliotheken war. Diese muss es, bei Strafe ihres Untergangs, in jeder Bibliothek weiterhin geben – und doch ist es auch eine großartige Chance der Bibliothek, wenn sie die Gegenwart aller Zeiten, welche sie in sich vereinigt, mit der realen Gegenwart ihrer Leser versöhnt.

MAX DUDLER

DIE HÄUSLICHKEIT DES BUCHES

Ein »Zeughaus des Geistes« wurde die neue Zentralbibliothek der Humboldt-Universität zu Berlin anlässlich ihrer Eröffnung genannt. Wie jedes neue Haus sollte sie Widersprüchliches leisten und in sich vereinen. Sie sollte entlang der Stadtbahn zwischen Planckstraße und Geschwister-Scholl-Straße den Blockrand schließen. Nicht nur in dieser Hinsicht stellte die Errichtung des Jacob-und-Wilhelm-Grimm-Zentrums eine große Herausforderung dar: tiefste Konzentration in unmittelbarer Nachbarschaft lebhaftesten hauptstädtischen Verkehrs.

Die Lösung des Problems musste auf kleiner Fläche gelingen; die Weitläufigkeit des Scharoun'schen Kulturforums war nicht gegeben. Außerdem galt es, die Lebensströme zwischen Bahnhof Friedrichstraße und Museumsinsel wieder durch das seit Kriegsende abgehängte Quartier zu leiten. Zu diesem Zweck – und um die repräsentative Ausstrahlung des Gebäudes zu erhöhen – opferten wir einen Teil des Baugrunds und schufen zwischen Bibliothek und Stadtbahnviadukt den lang gestreckten Vorplatz mit seinen dunklen Basaltplatten. Nur so ist der Blick auf die minimal-klassizistische Natursteinfassade des scheinbar fünfstöckigen Gebäudes möglich, das zehn Stockwerke birgt, und das wie viele öffentliche Gebäude die Berliner Traufhöhe von 22 Metern gemessen überragt.

Die jeweilige Fensterbreite ergibt sich aus der Dichte der dahinterstehenden Bücherregale: schmale Schlitze, wo kein Licht gebraucht wird, und breitere Öffnungen zur Beleuchtung der Arbeitsräume. Der Juramarmor, der sich in die historistische Nachbarschaft einpasst, wurde für die Außenseite mit einem neuartigen Hochdruckverfahren ausgewaschen. Die an der Ostseite in den Obergeschossen zurückgestufte Fassade soll ebenfalls zur städtebaulichen Integration beitragen. Abends, wenn die Fenster leuchten, liegt die Fassade mit ihren massiven Pfeilern wie ein Rost über der Glut, deren Strahlung die Stadt wärmt.

Vom Vorplatz aus betritt der Besucher ein lang gestrecktes zweigeschossiges Quervestibül, in dem die Garderobe, die elektronischen Kataloge und eine Cafeteria untergebracht sind. Unterstützt von ebenerdigen Fenstern setzt sich städtisches Leben im Innern zunächst fort, bis man durch einen zweiten, ebenfalls mittigen Zugang die eigentliche Bibliothek betritt. Die Böden stark beanspruchter Bereiche wie Eingangshalle und Treppen bestehen aus demselben (hier polierten) Naturstein wie die Fassade. Freitreppen steigen parallel zum Vestibül links und rechts seitlich auf, dahinter liegt – ebenfalls quer – der große Lesesaal, angekündigt durch geschmeidiges amerikanisches Kirschbaumfurnier.

Die Neuinterpretation bewährter Raumfolgen möge sich der rationalen Klarheit des italienischen Architekten Giuseppe Terragni würdig erweisen. Der reduzierte Farbkanon aus weißen und schwarzgrauen Steinen einerseits sowie aus dunkelrot beziehungsweise dunkelgrün gehaltenen Wandverschalungen und Möbeloberflächen andererseits verweist auf verschiedene Funktionen und gibt Orientierung. Hier Erschließung, dort Arbeit und Konzentration. An den warmen Farben sind auch die kleineren Arbeitsbereiche und Lesesäle zu erkennen, die es rund um den zentralen Lesesaal gibt.

In der Wand zwischen Treppenhaus und Lesesaal kehren die schmalen Fenster der Fassade wieder. Das Motiv des Rasters verweist auf die allgegenwärtige Dialektik von Innen und Außen. Die Kabinette an den Stirnseiten des Lesesaals wie auch die unterhalb der Terrassen liegenden Computerarbeitsbereiche ermöglichen Blicke in den Lesesaal und durch ihn hindurch in andere Kabinette und Arbeitsräume – Blicke, die den Eindruck vermitteln, Innen sei Außen und Außen sei Innen. Ein einziger Querblick erfasst die Treppe mit dem Lesesaal und dem dahinterliegenden Freihandbereich. In den Spiegelungen der schmalen Innenfenster greifen die Räume ineinander.

Das Ziel war Transparenz, auch mithilfe von Glas, das Ziel war aber nicht die Transparenz des Glaspalastes. Wenn die Bürger von Schilda beim Bauen Fenster und Türen vergaßen, dann vergessen viele Kollegen von heute die Wände. Transparenz lebt aber von trennenden und unterscheidenden Materialien. Unser Ziel hieß nicht »Wände ohne Steine«, sondern »Wände ohne Schatten«. Transparenz muss opak und gravitätisch wirken, sie lebt von Fenstern, die einen Rahmen haben, und von Steinen, die klingen und leuchten.

Der an die großen Bibliothekssäle des 19. Jahrhunderts erinnernde und von Étienne-Louis Boullées Entwurf von 1785 für die Pariser Nationalbibliothek inspirierte Hauptlesesaal mit seinen zweiseitig abgetreppten Arbeitsterrassen schließt die Grundidee des Gebäudes auf, die Versöhnung der Gegensätze. Um den erhebenden Blick in diesen Saal zu erleben, muss man nicht wissen, dass auch ihm der rationale Ordnungsgedanke kartesianischer Module zugrunde liegt. Der »Heilungsort der Seele«, der eine Bibliothek sein soll, muss ohne Rechenschieber wirken.

Die symmetrisch angelegten Arbeitsterrassen erinnern nicht zufällig an hängende Gärten. Forscher und Studenten sitzen sich – je höher, desto weiter entfernt – wie auf Tribünen gegenüber. Jemand, der einen Gelehrtenstreit nachvollziehen will, könnte mal auf der einen, mal auf der anderen Seite sitzend unterschiedliche Positionen einnehmen, er könnte mit einem realen oder imaginären Gegenüber die heftigsten Dispute führen. Ohne den Kampf von These und Gegenthese bliebe der Geist ohne Fortschritt. Auch der Irrtum geschieht nicht außerhalb, sondern innerhalb der Geschichte des Geistes. Götter könnten von den Hängen dieses Saales, Blitze durch die Luft schleudernd, ihre Kämpfe austragen. Deshalb auch die Anleihen bei der antiken Tempelarchitektur; der Tempel ist das Haus der Götter.

Mit Arbeit allein ist es in einer Bibliothek aber nicht getan. Sie muss vieles ermöglichen: vom Lesen und Schreiben über das Flüstern und Sprechen bis zum Dösen und Träumen, den kleinen Flirt nicht zu vergessen. Der Kompromiss von Wand und Fenster, die Versöhnung von Tradition und Moderne, schafft unter Verzicht auf zeitgemäße Kurzatmigkeit die nötige Ruhe. Auch die strenge Geometrie des Rasters stellt eine Antithese zu Scharouns Staatsbibliothek mit ihren Leselandschaften dar. Wir müssen zurück zur strengen Form, die allein den Geist befreit. Ohne klare Form wird der Geist nicht frei, ohne klare Form verläuft er sich bloß.

Wo, wenn nicht in der Welt der Bücher, ginge es darum, Generationen und Epochen miteinander ins Gespräch zu bringen, ohne die Verbindung zur Welt zu verlieren? Einen Kontrast zum introvertierenden Hauptlesesaal bieten die an der Außenseite gelegenen, zur Stadt hin offenen »Leseinseln«. Es gibt den Sonderlesebereich, der die Privatbibliothek der

Gebrüder Grimm enthält, mit einem an die Veduten Eduard Gaertners erinnernden Ausblick auf die Friedrichstadt.

Das Neben- und Ineinander von Zentrum und Peripherie, von Interieur und Exterieur macht dieses Haus (nach einem Wort Leon Battista Albertis, des berühmten Architekturtheoretikers der Renaissance) zu einer kleinen Stadt, wie man sich auch die Stadt als großes Haus vorstellen kann. Die neue Zentralbibliothek mit zwölf Teilbibliotheken und 1250 Arbeitsplätzen ist eine Stadt, die ein einziges großes Bücherregal ist. Die Zeile lebt vom Buchstaben wie das Regal von den Büchern wie das Haus von den gefüllten und benutzten Regalen – ein Haus, gebaut aus dem Buch und für das Buch.

Das Jacob-und-Wilhelm-Grimm-Zentrum bricht bewusst mit der »Tyrannei der Kreativität«. Es macht frei für die Tradition. Gebrochen wird der Zwang zum Bruch mit ihr. Den Nutzer muss das ästhetische Programm nicht weiter kümmern; viele der subtilen Details liegen mit Bedacht an der Schwelle der Wahrnehmbarkeit. Wenn es in diesem Haus wirklich die Möglichkeit gibt, die »Elefantenhaut der Moderne« abzustreifen und Ruhe zu finden, dann weiß sich diese Möglichkeit ohne Worte mitzuteilen.

MARTIN MOSEBACH

EIN BRUNNEN DES WISSENS

Herrlich ist der Orient
Übers Mittelmeer gedrungen;
Nur wer Hafis liebt und kennt,
Weiß, was Calderon gesungen.

Johann Wolfgang von Goethe
West-östlicher Divan, Buch der Sprüche

Zu den schönsten architektonischen Erfindungen Indiens gehören die Ghats, die Treppenanlagen, die zu den Tempelteichen, den heiligen Seen und Flüssen hinabsteigen. In Benares sind sie kilometerlang, die Treppen säumen das Gangesufer; das Leben der Pilger, die gekommen sind, um bei Sonnenaufgang in das reinigende Wasser zu tauchen oder um die Asche eines Verwandten dem Fluss zu übergeben, findet auf den Stufen dieser unübersehbar lang gestreckten Treppen statt. Oft umgeben die Treppen nur einen kleinen Teich und haben vielleicht nur zehn oder zwanzig Stufen, aber stets unterscheiden sich die Ghats von den urbanen Treppenanlagen Europas, deren wesentlicher Zweck in der Verbindung von zwei verschiedenen Niveaus liegt, denn eigentlich laden sie weniger zur Bewegung als zum Verweilen ein. Man lagert sich auf ihnen und harrt dort lange aus zwischen dem Fest-

land, das man verlassen hat, und dem Wasser, das einem zu Füßen liegt. Die Ghats sind Ausdruck einer seelischen Verfassung, sie sind eine steingewordene Pilgerschaft. Von der Heimat hat man sich gelöst, aber das geistige Ziel kann nicht so schnell erreicht werden, man muss den rechten Augenblick dafür abpassen, mit Eifer und Willensanstrengung ist es nicht getan, und so wartet man denn geduldig zwischen den beiden Polen, schon beinahe als sei dies Warten der eigentlich anzustrebende Endzustand. Anders als in der westlichen Metaphorik ist der Prozess der Erkenntnis eben nicht mit einem Aufsteigen, dem Erklimmen einer Höhe mit weitem Rundblick verbunden, sondern mit der entgegengesetzten Bewegung, der Annäherung an den Wasserspiegel, der zum Untertauchen einlädt, wenn der Zeitpunkt gekommen ist.

Als ich mich fragte, mit welcher großen Form aus der Geschichte der Architektur Max Dudlers Jacob-und-Wilhelm-Grimm-Zentrum vergleichbar sei, fand ich nichts Treffenderes als meine Erinnerung an die indischen Ghats, vor allem in der Ausprägung der geometrisch stilisierten Tempelteiche wie etwa in Modhera in Gujarat: eine in die Erde hineinwachsende Architektur, die den Blick hinabzieht, in das Zentrum des Wasserbeckens.

Was sich in Dudlers Bibliothek von den Ghat-Anlagen unterscheidet, ist klar: Es sind nicht Treppenfluchten, die in die Tiefe führen, sondern Groß-Stufen, Terrassen, die sich nach unten hin staffeln. Es scheint mir deshalb notwendig, dass der Besucher für den ersten Eindruck mit dem Aufzug zunächst in den sechsten Stock fährt, um den Raum von der obersten Terrasse aus zu erleben, als liege sie zu ebener Erde. Das ganze Bild der Halle erschließt sich nur von hier aus, wo die Wolken über der Riesenglasdecke zum Greifen nah sind und sich die Landschaft der hinabsteigenden und auf der anderen Seite wieder hinaufsteigenden Terrassen weithin unter dem Betrachter ausbreitet. Im Absteigen aus der Höhe beginnt sich der Raum in seinen Berg-und-Tal-Ausmaßen allmählich zu verbergen, und wenn man auf der untersten Ebene angelangt ist, in jenem beinahe quadratischen Saal, der in der Ghat-Architektur den Ort des Wassers bezeichnete, ist man in einem geradezu intim wirkenden Raum angelangt, der die sich über ihm auftuenden himmelweiten Dimensionen vergessen lässt. Auch dies ist übrigens eine Gemeinsamkeit mit den indischen Tempelteichen; sie liegen in ihrer Brunnentiefe am Boden der sich um sie auftürmenden Negativform einer umgekehrten Pyramide wie ein kleiner blitzender Spiegel.

Das Spiel mit der verblüffenden Verkleinerung innerhalb einer Halle, in der man glaubt, mit dem Segelflugzeug fliegen zu können, ist aber kein Manierismus, sondern von wohlüberlegter Funktionalität. So wird es dem einzelnen Leser an seinem Schreibtisch leicht, sich nicht als winziges Teil eines stillen Heeres zu fühlen, sondern in nach Menschenmaß proportionierten Räumen zu arbeiten. Aber ich bekenne, dass ich im Geheimen, als ich mich hinabsteigend der letzten untersten Ebene näherte wie einer innersten Kammer der Einweihung, doch noch eine Steigerung erwartete, das Eintreten in eine andere Welt als auf den darüberliegenden Terrassen, etwas den indischen Tempelgewässern Vergleichbares, das eine andere Art der Wissensvermittlung möglich machte als das Aufschlagen von Büchern oder das Anklicken von Dateien. Ich stellte mir vor, wie es wäre, wenn dort unten in dem tiefstgelegenen Karree gar keine Schreibtische stünden, sondern wenn wie in einer Moschee Schriftgelehrte auf dem Boden säßen, um sich herum einen kleinen Kreis von Schülern, und dort mit leiser Stimme, die sich in der Halle sofort verlöre, Lehrgespräche führten, sodass die mit solcher architektonischen Kunst vorbereitete innerste Zelle dieses Buch-Heiligtums mit der flüssigsten, lebendigsten Form des Wissens und der Weitergabe dieses Wissens erfüllt wäre.

Wenn auch die imaginären Weisen und Schriftgelehrten im Herzen der Bibliothek fehlen, die ihr Wissen murmelnd den eng um sie gescharten Hörern weitergeben, ist das Element der Unmittelbarkeit und des Assoziativen, wie es die

Weitergabe einer Lehre von Mund zu Ohr auszeichnet, nicht völlig abwesend in dem großen Lesesaal und den angrenzenden Magazinen. Wer seine wissenschaftliche Recherche elektronisch betreibt, rühmt gern die Blitzgeschwindigkeit, mit der die Informationen auf die bloße Eingabe einiger Stichwörter vor seine Augen purzeln. Diese Fähigkeit der Maschine, Ordnung zu machen, ist bewundernswert, aber es gibt Leser und Sucher, die auch eine ganz andere Methode nicht missen wollen. Sie glauben daran, dass die wichtigsten Botschaften, Nachrichten, Einsichten, Entdeckungen sich nicht dem Willen des Forschers verdanken, sondern aus unvermuteten Richtungen und in unvorhergesehenen Zusammenhängen zu ihm gelangen: dass sie es sind, die ihn gesucht haben; dass er sie nicht suchen konnte, weil er von ihnen gar nichts wusste oder auch nur ahnte. Es sind jene Bücher, die in der Nachbarschaft des eigentlich gewünschten Buches gestanden haben, die enthalten, was die Entwicklung der Gedanken einen neuen Weg nehmen lässt: Man nimmt sie in die Hand, weil der Buchrücken schön aussieht oder weil im Titel ein Wort ist, das uns bezaubert, oder weil eine unwillkürliche Unlust auf das eben zuverlässig gefundene, erwartete Buch die Hand zu dessen Nachbarn lenkt. An verschiedenen Orten der Welt sind inzwischen Bibliotheken entstanden, in denen der Bestand frei zugänglich ist. Das Jacob-und-

Wilhelm-Grimm-Zentrum gehört dazu. Die Terrassenhalle ist von einem dichten Wall von Bücherregalen auf allen Stockwerken umgeben, die den Saal nach außen hin abschirmen, aber jedem Besucher zur Verfügung stehen. Zwischen diesen Regalen lauert auf mich die Gefahr, aus ihren dichten Reihen den Weg nicht mehr zurück in den Lesesaal zu finden; jedes zweite Buch fordert gebieterisch, herausgenommen und durchblättert zu werden, unablässig entsteht aufs Neue die Überzeugung, gerade soeben auf etwas gestoßen zu sein, das die genaue Beschäftigung lohnte. Hier stehen die langen Reihen der Real-Enzyklopädie von Ersch und Gruber, das Lexikon, mit dem Goethe gearbeitet hat, mit seinen Stichworten, für die man wiederum ein Wörterbuch brauchte – was sind »Pupillenkommissare«, »Reichsbänke«, »Manualpantomimen«? Was ist ein »Barrierentraktat«, ein »Supranumcrar«, ein »Sabbaterweg«? Müsste man das nicht sofort klären, um sich in der Goethezeit auch nur einigermaßen zurechtzufinden? Daneben stehen zwei rote Lederbände von 1910 *King Edward VII and His Times* mit vielen Fotografien aus Afrika, Indien und Australien, von Schlachten zwischen Schwarzen mit Speeren und indischen Soldaten mit Gewehren, dazwischen immer der König mit hervorquellenden Augen in seinem selbstsicheren satten Pomp, um den ihn sein deutscher Vetter Wilhelm II. auf so verhängnisvolle Weise beneidete –

101

da wird die deutsche Zopfstilwelt von Ersch und Gruber in ihrer puppenhaften Zerbrechlichkeit und Ohnmacht unversehens deutlicher sichtbar als in langen Darstellungen eines »deutschen Sonderweges«. Nicht weit davon ein abgegriffenes Werk über das Konzil von Konstantinopel – es öffnet sich auf der Seite, wo die Frage behandelt wird, ob dieses Konzil, eines der wichtigsten der Christenheit, überhaupt stattgefunden hat, wenn ja, ob es zu seiner Zeit die geringste Bedeutung gehabt habe, wenn nein, wem seine Erfindung zuzutrauen sei? Da wird das Wissen – alles Wissen vielleicht – zu einer Hilfsgröße für das Nichtwissen, Wissen wird in den Dienst des Nichtwissens gestellt, Nichtwissen ist das Ziel dieses ganzen gigantischen Wissensgebäudes. Wer glaubt, etwas zu wissen, beweist damit nur, dass er noch nicht genug weiß. Aber dies ist zwischen den Bücherreihen keine Botschaft des Zynismus oder der Verzweiflung, sondern Verlockung: Auch wenn das Nichtwissen am Ende der weit ausgestreuten Lektüre stehen sollte, wird es sich dabei nicht um eine Leere handeln, sondern um den buntesten Reichtum, es wird ein die Seele mit Begeisterung erfüllendes Nichtwissen sein, das ich in immer neue Räume öffnet und ein Ende also in Wahrheit gar nicht kennt.

So wird in solchem Wandern durch das Jacob-und-Wilhelm-Grimm-Zentrum, durch seine Sammlungen und Terrassen vorstellbar, dass Wissen irgendwann die Möglich-keit gewinnen könnte, zu Weisheit zu werden, was gewiss fern von den Intentionen einer Universitätsbibliothek liegt, schon gar einer zeitgenössischen. Einen Weisheitsbrunnen hat Max Dudler gebaut. In seinem Bauwerk ist die Hoffnung, die sich mit dem Begriff »Bibliothek« vor unserer Zeit der unheimlichen Buchvermehrung und Buchentwertung einmal verband, unversehens wieder zu spüren: dass eine solche Bücherakkumulation mehr enthalten könne, als was in Büchern aufgeschrieben ist.

VITEN

JÖRG BABEROWSKI, geboren 1961, ist seit 2002 Professor für Geschichte Osteuropas an der Humboldt-Universität zu Berlin. Studium der Geschichte und Philosophie an der Universität Göttingen (1982–1988), Promotion Universität Frankfurt a. M. in Osteuropäischer Geschichte (1994), Habilitation Universität Tübingen in Osteuropäischer Geschichte (2000).

Wichtigste Veröffentlichungen: *Räume der Gewalt* (2015); *Verbrannte Erde. Stalins Herrschaft der Gewalt* (2012); *Der Sinn der Geschichte. Geschichtstheorien von Hegel bis Foucault* (2005); *Der rote Terror. Die Geschichte des Stalinismus* (2003); *Der Feind ist überall. Stalinismus im Kaukasus* (2003); *Autokratie und Justiz. Zum Verhältnis von Rechtsstaatlichkeit und Rückständigkeit im ausgehenden Zarenreich 1864–1914* (1996).

HARTMUT BÖHME war bis 1992 Professor für Literaturwissenschaft an der Universität Hamburg und ist seit 2012 Professor em. für Kulturwissenschaft an der Humboldt-Universität zu Berlin. Er war Leiter einer Reihe von DFG-Projekten, u. a. Sprecher des Sonderforschungsbereichs „Transformationen der Antike". Er ist Träger des Meyer-Struckmann-Preises 2006 und des Hans-Kilian-Preises 2011.

Letzte Veröffentlichungen: *Aussichten der Natur* (2017); *Natur und Figur. Goethe im Kontext* (2016); *Das Dentale. Faszination des oralen Systems in Wissenschaft und Kultur* (hg. mit Bernd Kordaß, Beate Slominski, 2015); *Contingentia. Transformationen des Zufalls* (hg. mit Werner Röcke, Ulrike C. A. Stephan, 2015); *Fetishism and Culture. A Different Theory of Modernity* (2014); *Der anatomische Akt. Zur Bildgeschichte und Psychohistorie der frühneuzeitlichen Anatomie* (2012).

MILAN BULATY, geboren 1946 in Prag, studierte Philosophie, Linguistik und Psychologie in Prag, Freiburg i. Br. und Heidelberg. Auf sein Studium folgte eine bibliothekarische Ausbildung an der Freien Universität Berlin und eine Tätigkeit an der Amerika-Gedenkbibliothek in Berlin. Er war von 1992 bis 2011 Direktor der Universitätsbibliothek der Humboldt-Universität zu Berlin und Gründungsdirektor des Jacob-und-Wilhelm-Grimm-Zentrums.

Veröffentlichungen: *Arbeitstage* (2017); „Über Architektur tanzen" (2018); „Ästhetik – Funktionalität – Wirtschaftlichkeit" (2011); „Inspiration durch Raum" (2010); „Lesen und Lernen mit Aussicht" (2010).

MAX DUDLER, geboren 1949, studierte Architektur an der Städelschule in Frankfurt a. M. und an der Hochschule der Künste Berlin. Er ist Gründer und Leiter des seit 1992 bestehenden gleichnamigen Architekturbüros mit Niederlassungen in Berlin, Zürich, Frankfurt a. M. und München.

Seit seinem Bestehen hat sich der Fokus des Büros über die klassischen Architekturaufgaben hinaus erweitert. Max Dudler hat seinen konzeptuellen Ansatz inzwischen auf städtebauliche Planungen, Verkehrsbauten, Konversionen, denkmalpflegerische Aufgaben, Ausstellungen bis hin zu Möbelentwürfen übertragen. Zahlreiche Auszeichnungen sind Resonanz einer stetigen Beschäftigung mit Architektur. 2004 wurde Max Dudler als Professor an die Kunstakademie Düsseldorf berufen.

Werkliste (Auswahl): Besucherzentrum, Eisenbahnmuseum, Bochum (2019); Stadtbibliothek Heidenheim (2017); Empfangsgebäude Drägerwerk, Lübeck (2015); Neue Stadthalle, Reutlingen (2012); Hochhausensemble Ulmenstraße, Frankfurt a. M. (2009); Hambacher Schloss (Umbau), Neustadt a. d. Weinstraße (2008); Wiederaufbau der Max-Taut-Aula, Berlin-Lichtenberg (2008); Landesbehördenzentrum (Umbau und Erweiterung), Eberswalde (2007); IBM Headquarters, Zürich (2005); Diözesanbibliothek, Münster (2005); Museum Ritter, Waldenbuch (2005); Bundesministerium für Verkehr, Bau- und Wohnungswesen (Umbau und Erweiterung), Berlin (2005); Hotel Quartier 65, Mainz (2001); Deutsche Börse (Umbau), Frankfurt a. M. (2000); Block 208, Berlin (1997).

BARBARA KLEMM, geboren 1939 in Münster, wuchs in Karlsruhe auf und wurde dort in einem Porträtatelier zur Fotografin ausgebildet. Seit 1959 war sie bei der *Frankfurter Allgemeinen Zeitung* tätig, von 1970 bis Ende 2004 als Redaktionsfotografin mit dem Schwerpunkt Feuilleton und Politik. Von 2000 bis 2019 war sie Honorarprofessorin an der Hochschule Darmstadt im Fach Fotografie am Fachbereich Gestaltung. Sie ist Mitglied der Akademie der Künste, Berlin, Abteilung Film- und Medienkunst. 1989 erhielt sie den Dr.-Erich-Salomon-Preis der Deutschen Gesellschaft für Photographie und 2000 den Hessischen Kulturpreis. 2010 erhielt sie den Max-Beckmann-Preis der Stadt Frankfurt a. M. und wurde in den Orden Pour le mérite für Wissenschaften und Künste aufgenommen. Ihre Arbeit wurde in zahlreichen Ausstellungen gewürdigt.

Veröffentlichungen u. a.: *Zeiten und Bilder* (2019); *Helldunkel. Fotografien aus Deutschland* (2009); *Photographien, Gemälde, Zeichnungen* (gemeinsam mit Fritz Klemm, 2007); *Künstlerporträts* (2004); *Unsere Jahre. Bilder aus Deutschland 1968–1998* (1999).

MARTIN MOSEBACH, geboren 1951, lebt in Frankfurt a. M. Er schreibt Romane und Lyrik, daneben manchmal Aufsätze über Kunst und Literatur für Zeitungen, Zeitschriften und den Rundfunk. Außerdem veröffentlicht er Hörspiele, Dramen, Libretti sowie Filmdrehbücher. Er wurde unter anderem mit dem Heimito-von-Doderer-Preis, dem Großen

Literaturpreis der Bayerischen Akademie, dem Kleist-Preis und 2007 mit dem Georg-Büchner-Preis ausgezeichnet.
Veröffentlichungen zuletzt: *Krass* (2021); *Die 21. Eine Reise in das Land der koptischen Martyrer* (2018).

STEFAN MÜLLER, geboren 1965 in Bonn, studierte von 1990 bis 1995 Visuelle Kommunikation in Dortmund. Seit 1994 lebt und arbeitet er als Architekturfotograf in Berlin. Seine Arbeit wurde in mehreren Ausstellungen gewürdigt (u. a. *Gibellina*, Friedrich-Hundt-Gesellschaft, Münster, 2007; *The Nature of the Artifice*, 9. Architektur-Biennale, Venedig, 2004; *Architektur Landschaft Fotografie*, ETH Zürich, 2001).
Veröffentlichungen mit Fotografien von Stefan Müller: *Max Dudler. Geschichte weiterbauen / Building on History* (2021); *Max Dudler. Räume erzählen* (2018); *Diözesanbibliothek Münster / Diocesan Library Münster* (2008); *Uwe Schröder. Bauwerk* (2007); *O. M. Ungers. Kosmos der Architektur* (2006); *Museum Ritter. Dem Quadrat ein Museum* (2005).

PETER VON MATT, geboren 1937, war von 1976 bis 2002 Ordinarius für Neuere Deutsche Literatur an der Universität Zürich.
Zu den wichtigsten Veröffentlichungen gehören: *Sieben Küsse. Glück und Unglück in der Literatur* (2017); *Wörterleuchten.*

Kleine Deutungen deutscher Gedichte (2009); *Das Wilde und die Ordnung. Zur deutschen Literatur* (2007); *Die Intrige. Theorie und Praxis der Hinterlist* (2006/2008); *Die tintenblauen Eidgenossen. Über die literarische und politische Schweiz* (2001/2004); *Die verdächtige Pracht. Über Dichter und Gedichte* (1998/2001); *Verkommene Söhne, mißratene Töchter. Familiendesaster in der Literatur* (1995/1997); *Liebesverrat. Die Treulosen in der Literatur* (1989/1991); *... fertig ist das Angesicht. Zur Literaturgeschichte des menschlichen Gesichts* (1983/1989/2000).

INHALT

IMPRESSUM

© 2022 by jovis Verlag GmbH
Das Copyright für die Texte liegt bei den Autoren.
Das Copyright für die Abbildungen liegt bei den
Fotografen/Inhabern der Bildrechte.

Alle Rechte vorbehalten.

Der vorliegende Band erschien erstmals im Jahr 2010
im BV Berlin Verlag.

Die Beiträge von Jörg Baberowski und Hartmut Böhme
stehen um Fußnoten erweitert unter
www.jovis.de/de/buecher/details/product/bibliothek.html
zum Download zur Verfügung.

Lithografie: DZA Druckerei zu Altenburg
Druck und Bindung: DZA Druckerei zu Altenburg

Bibliografische Information der Deutschen Nationalbibliothek:
Die Deutsche Nationalbibliothek verzeichnet diese Publikation
in der Deutschen Nationalbibliografie; detaillierte bibliografische Daten sind im Internet über http://dnb.d-nb.de abrufbar.

jovis Verlag GmbH
Lützowstraße 33
10785 Berlin

www.jovis.de

jovis-Bücher sind weltweit im ausgewählten Buchhandel er-
hältlich. Informationen zu unserem internationalen Vertrieb
erhalten Sie von Ihrem Buchhändler oder unter www.jovis.de.

ISBN 978-3-86859-750-9